我们
一
起
解
决
问
题

直播三力

变现力 | 说服力 | 表达力

泇冰 著

人民邮电出版社

北　京

图书在版编目（CIP）数据

直播三力：表达力、说服力、变现力 / 泇冰著. --
北京：人民邮电出版社，2023.1
ISBN 978-7-115-60332-6

Ⅰ. ①直… Ⅱ. ①泇… Ⅲ. ①网络营销 Ⅳ.
①F713. 365. 2

中国版本图书馆CIP数据核字(2022)第200201号

内 容 提 要

目前，直播行业已经过了野蛮生长期，进入了有规律发展的下半场，主播也从门槛低、人人都能做的职业变成了需要专业技能和知识储备的职业。那么，主播需要从哪些方面提升专业能力以适应新环境呢？

本书总结了主播需要的三种核心能力，即表达力、说服力、变现力。表达力是主播的基础能力，说服力是主播与观众建立密切联系的关键能力，变现力是主播提升收益的最终能力。本书从底层逻辑和思维变革出发，帮助读者明确提升表达力的关键点，让读者能对症下药，成为金句频出的表达高手；从打造个人品牌的角度出发，帮助主播运用差异化的品牌建设、吸睛文案、场景化展示等多种方法提升自己在观众心中的可信度，成为市场风向标和足够被信任的对象；从挖掘用户需求、厘清直播销售产品的流程、搭建私域流量池出发，帮助主播掌握直播变现的要点、方法、策略，成为变现达人。

本书适合主播、直播运营团队及对直播行业感兴趣的人员阅读，也可以作为培训机构学员、新媒体从业者的参考用书。

◆　　　　著　　泇　冰
　　　　责任编辑　张国才
　　　　责任印制　彭志环
◆人民邮电出版社出版发行　　　　北京市丰台区成寿寺路 11 号
邮编 100164　电子邮件 315@ptpress.com.cn
网址 https://www.ptpress.com.cn
　　北京九州迅驰传媒文化有限公司印刷
◆开本：880×1230　1/32
印张：8.5　　　　　　　　　　2023 年 1 月第 1 版
字数：180 千字　　　　　　　2025 年 5 月北京第 15 次印刷

定　价：59.80 元
读者服务热线：（010）81055656　印装质量热线：（010）81055316
反盗版热线：（010）81055315

泅冰对直播有自己独特的认识，她的直播也很有感染力。我推荐大家阅读、借鉴这本关于直播的专著！

——**叶武滨** 易效能创始人、时间管理专家

泅冰在演讲领域已经深耕十多年，总结出了自己的体系，具有独特的风格。她的这本书对直播演讲做了多个维度的详细拆解，能让你在直播演讲中少走很多弯路。

——**王一九** 个人品牌私教、《从 0 到 1 打造个人品牌》作者

泅冰对直播演讲有着十足的热情，是有深刻造诣的实践者，这本书正是她实践经验的结晶。阅读本书，读者能在不知不觉中提升自己的直播魅力，我真诚推荐此书。

——**美多** 利他学堂创始人

泅冰是值得所有女性学习追随的魅力演讲导师！她的这本书通过对表达力、说服力和变现力的拆解，能够让广大读者在主播成长的路上少走很多弯路，实现真正的倍速成长。

——**南汐** 女性幸福陪跑师

演讲具有吸引和号召的魔力。你的思想、能力可以通过演讲，

用极具魅力的方式来改变世界。泑冰正是这样一位有魅力的演讲者，她独特的表达力、说服力，以及带领学员变现的战斗力，已经证明这是一本实用至上的演讲宝典。我推荐每一位创业者学习。

——**佩娜** 社群架构师、佩合社群创始人、
全球合伙人体系引领者

在演讲这个非常古老的领域，泑冰不仅提炼了一套自己独创的"魅力演讲"心法，而且将其融入当下正处于风口的直播行业。本书有原理、有实操、有细节、有案例，我推荐大家阅读，一定会让你耳目一新！

——**末夏** 语音写作教练、写书教练

泑冰是一位全能魅力演讲导师，她就像海里的一盏明灯带领我们前行，到达彼岸。本书正是她对直播演讲的经验总结，我希望此书的光辉能够带领更多人到达成功的彼岸，实现成为直播达人的目标。

——**娅娅** 国际影视新星时尚小姐模特大赛总冠军

我在付费学习之路上可以说是阅"师"无数，泑冰是我遇到的最用心、让我收获特别大的老师。在她的指导下，我一场 12 小时直播的预售额超过 300 万元！如果你想打造个人 IP，就一定要阅读她的这本书，我相信它能够帮助你消除很多直播工作中的困惑。

——**李娜** 娜家整理创始人

洵冰是一位经验丰富的直播演讲变现教练，在她的指导下，我调整了自己在直播中的表达方式，也懂得了听众的真实需求。所以，我强烈推荐你阅读她的新作《直播三力》，本书对于在直播工作中有困惑的你就是一场及时雨！

——**培元师兄**　生活修道人

洵冰是一位值得所有人跟随学习直播演讲的导师。阅读她的这本新作，你将能从中学习到她独创的直播演讲体系，体会到她别具一格的即兴点评，不知不觉间就提升了自己的直播演讲能力。我相信在直播工作中，本书一定能够让你受益良多。

——**刘孟珠**　福州大学心理中心咨询师

什么是魅力演讲？我的理解是你的演讲非常有魅力，并且极具吸引力。洵冰老师的魅力演讲体系非常适合女性创业者。经过她指导的学员，直播演讲能力都得到了非常大的提高。本书体现了她在直播演讲方面的能力和魅力，我相信阅读这本书能够让更多人深入了解并学会真正的魅力演讲。

——**云舒**　幸福力家庭美学导师、念花堂品牌创始人

你完全不用担心有货卖不出去，现在你只需阅读洵冰老师的这本书，打开手机做一场直播，就可以魅力绽放、感受直播带来的财富变现力和人格魅力。

——**卢不斯**　商业个人故事片导演

两年前，我有幸跟随洃冰老师学习直播演讲，在学习中感受到她超强的组织力、表达力、感染力。本书是她对直播演讲的经验总结、方法提炼，我相信能够帮助到想要提升自己直播演讲能力的人。

——**张嘉勤** 美国纽约资深保险及财务规划师

每次直播时，洃冰老师的表达力和说服力都超级强大，关键是变现力也非常惊人。她终于把自己的直播经验都分享出来，我强烈推荐想做好直播的人来看这本书。

——**陈雨思** 集美司品牌创始人

个人 IP 核心竞争力的最大差别不在于内容的优劣，不在于原创与非原创，不在于形式表达流畅与否，甚至不在于后期剪辑与包装的节奏感及创意感，重点在于 IP 的人格魅力。我一直认为，用别人的实践经验来缩短试错的时间和路程是一种非常值得推荐的学习方法。洃冰用自己的实战经验，在书中全面讲述了如何提升人格魅力的实操技能，我推荐给正在准备或已经在打造 IP 的朋友们。

——**史洁** 互联网博主、"罗辑思维"
"凯叔讲故事"创始合伙人

2023 年即将到来，全球经济依然低迷，但未来的不确定性里也许隐藏着重大机会。轻创业已经成为众多想改变现状的人的共同选择，直播已经被许多创业成功者证明是一个很有效的工具和手段。无论是抖音，还是视频号，都具有流量大、收益空间大、持续成长性强、门槛低、流量及运营成本低的巨大优势。只需一部手机，任何人都能够随时随地开始工作。在当下及未来一段时间，直播仍处于机会红利期。但对于正在阅读这本书的你来说，却可能存在以下问题。

- ◆ 想开直播很久了，却迟迟不敢行动。
- ◆ 别人开直播很快粉丝成百上千，自己的直播间却门可罗雀。
- ◆ 自己的直播间终于积累了不少粉丝，但迟迟无法带货。即使带货，成交额也少得可怜。
- ◆ 大家的直播内容表面上都相似，但是其他主播的带货单价可达几万元，自己的带货单价却连百元都到不了。
- ◆ 有人开播不久便能一场带货几十万元，甚至成百上千万元，但自己连想都不敢想。
- ◆ 看过不少大咖的分享秘诀，但自己依然感到无处下手、无法坚持，实现不了自己的目标。

这本书就是来为你解决以上问题的。

一年多以前，本书作者也是直播行业的新手，首播时的粉丝量只有个位数。但是，现在她的粉丝量已经超过了 10 万个，由她直播成交的线上课程也从最初的 1 元课进化为 7 万元的私教课。2022 年 8 月，她的一场直播更是创下了预售成交 616 万元的纪录。

此外，作者还用书中的理论和方法成功指导了不同行业的多位学员，这些学员仅用数个月便从首播零成交进化为一场直播成交 30 万元到百余万元不等。本书的内容不仅是作者自己实践经验的归纳和总结，而且是经过教学检验的、行之有效的、系统性的直播进阶学习和行动指南。

作者能如此迅速地成长为直播教育领域热度较高的主播和创业导师绝非偶然，她有着八年的线下培训经验，曾在某大型培训机构的 3000 多名讲师中，凭借自身的能力多次斩获公司业绩第一名的好成绩，个人年业绩达 3000 万元。

2019 年，她开辟了"魅力演讲"这条赛道，开始自主创业。作为泇冰成长教育机构的创始人，她心怀大爱，凭借自己丰富的培训和教学经验，持之以恒地为学员高效输出学习干货，充分发挥自己扎实的教练能力、课程设计能力，以及敏锐的商业观察力、市场感知力和事业想象力，开发并多场次交付了包括"生命色彩能量""演讲成交"等十几门魅力演讲类课程，创立了自己独特的"三维价值"演说体系，并成立了泇冰创业联盟，指导上千名创业者成功开创了以直播为重要手段的线上事业，或实现了线下到线上的事业转型。其中有几十位学员的事业不到一年就做大做强，年成交额达到了百万元乃至千万元级别，实现了以演讲和直播为全行业赋能的初步愿景。

实际上，作者不仅对专业技术有深入的研究，还对社会和人性有深刻的了解与体会。她曾说过，"成功如果有捷径，那就是坚持用正确的理念和方法做奔向目标的事""少走弯路就是走捷径"。她把自己成长过程中经历的磨难和挫折总结成了送给大家的"避坑指南"。

直播的本质是以直播为手段与观众进行沟通交流，通过交流向观众输出自己的观点和价值观念。在这个过程中，主播要与观众共情，进而建立信任关系，再通过一系列方法刺激观众的购买欲，推动观众做出购买决策，最终成交。观众由此成为产品的用户、主播的粉丝，自发跟随主播，对主播产生依恋；而主播也能够实现持续成交的目标，使自己的粉丝主动裂变，进而持续构建自己的事业蓝图。

作者以她独特的视角，把这个复杂的行为体系重新解构后归纳为以三力——表达力、说服力、变现力为核心的直播达人成长的底层逻辑，即用以魅力演讲为内核的表达力、输出内容和价值的说服力、形成以遵从人性为基础和以成交为结果的变现力，实现直播的商业闭环。

在作者的直播理论体系里，只用一位主播或一场直播的成交额是无法判断直播的成功与否和进阶方向的。在实践过程中，作者归纳了一个非常简洁的公式：

$$直播价值 = 流量 \times 转化率 \times 客单价$$

◆ 流量的重要指标是粉丝（如数量、活跃度、在线时长等），表达力决定了主播能否吸引粉丝；

◆ 转化率即成交人数占在线粉丝人数的比例，是变现力的具体体现；

◆ 客单价是直播内容在受众中价值认可程度的体现，也就是三力中的"价值"说服力。

书中案例全部来源于真实事件，这些产生过结果的文字凝聚了千万元以上的价值。所以，我认为本书不是看一遍或几遍就能完全发挥它应有的价值的。从接受书中的内容到形成自己的认知，再到将认知在实践中内化为自己的技术和能力，你在这个过程中可以不断增强自己获得成功的信心，最终实现自己心中的目标。书中有些内容，你需要看很多遍才能够完全领会其中的奥妙。如果你最后能把这本书看成九个字——表达力、说服力、变现力，并在直播中实现自己的目标，就是对作者最大的肯定。

身为教培行业的资深讲师，作者除了自身钻研和实践以外，还每年花数十万元充电学习，很多知识付费平台的创始人都成了作者的朋友、老师或学员。作者用结果说话、厚积薄发写成的这本书也得到了这些大咖们的热切关注。在本书的推荐语中，你也能够充分感受到他们作为各自领域的头部代表和精英对作者及本书的精彩评述。

五年前，在迪拜举办的一个收费超过六位数的商业效能课程上，我与作者相遇相识。这两年，我更是她的近距离观察者和活动参与者。因此，以上关于作者成果表现的描述皆为我亲眼所见的事实，我这篇文字也在更多地讲作者是怎样的人、为什么写这样的书等这本书背后的故事。

最后，我祝愿本书能够得到广大读者的喜爱！

潘冶治（云上飞猪）

资深投资人、品牌商业顾问

自　序

我在线下培训讲台上站了八年，也享受了所谓"台前"的高光时刻。在最近两年，面对突如其来的改变，我想做点什么。我拥有这么多年的演讲和培训经验，总能够在这个时代"破局"重生一下吧！

2020年2月底，我在百无聊赖的情况下刷起了抖音，并且开始了我人生的第一次直播。我每次都认真备课。1小时的直播，我要在直播前一天花6～8小时才能备好课程的知识内容，然后很认真地开始可能只有几个人在线的直播。

即使开局是这样，我还是找到了直播的乐趣，也充分发挥了自己的演讲功底。我对自己说："试试看，一定不会有损失，最差的结果就是花点时间而已。"

在直播过程中，我总结了以下三点规律。

◆ 心态上绝对不要有太多的期待，不然失望可能更大。
◆ 做自己喜欢的事情。对于喜欢的事情，你总能找到各种方式让自己享受起来。
◆ 勤奋、认真，不含糊地对待每一件要做的事情。

我的一位私教学员是福州大学老师、心理学专家，她说第一次看到我直播是在视频号上，在线人数少得可怜，没想到两年后，我的直播越讲越好，粉丝数量也越来越多。她很诧异，于是开始了解我，知道我的情况后果断成为我的高阶学员。

这样的案例不胜枚举。其实，我只是一个很普通的创业者，我也没有专门向谁学过直播。对于直播，我只是自己摸索出了一套方法，总结出了一套理论。我也喜欢看抖音直播带货的热烈场景，喜欢研究一些知识 IP 的成功路径，思考淘宝直播每个产品的展示方式。这样细微的研究过程让我实现了从 0 到变现百万元再到千万元的目标，也孵化了许多跟随我学习的创业者。

有结果的事情和理论，一定是知行合一、值得你参考的。于是，我将能写的都写出来，将能想到的案例都贡献出来。这些全都是发生在我身边的或者就是我自己亲身经历的事情，其参考价值远胜于夸夸其谈的理论，更具备现实参考意义。

"从 0 开始，怎样准备做直播？"

"我的演讲功底好像不太行，直播讲什么呢？"

"我开播了，可是变现能力太差，怎么办？"

"我尝试变现了，可是持续力太弱，怎么办？"

"我想全面学习包括演讲成交能力、直播的全方位技巧和方法等课程，有没有这样的参考资料？"

如果你有以上问题，那么我觉得你一定要认真阅读这本书。可以说，本书中的理论、方法兼具实操性和可复制性。

通过大量的直播，我总结了很多经验，我发现表达力、说服力和变现力是很多人欠缺的三项能力。而本书中有大量关于这三项能力的重点突破方法和案例，能够为你的演讲魅力和直播变现能力插上一对翅膀，让你的直播创业之路越走越好！

2022 年 10 月于福州

目　录

第13章 直播魅力演讲：魅力主播打造计划

底层逻辑：
直播为何需要表达力

现在是一个注意力稀缺的时代。可以说，抓住了大众的注意力，就抓住了大众的钱袋。直播是一个吸引注意力的行业，要想让观众愿意听、记得住、能传播，主播就要有更强的逻辑、更有效的表达，以及更精彩的内容。

能说不等于会说。能说是技能，会说是能力，直播需要行云流水、口齿伶俐、思维清晰地表达。主播要能用语言、文字、动作状态，明确地把自己的思想、情感、意图等表达出来，并善于让他人理解和体会。

本章从直播的底层逻辑出发，具体讲直播为什么需要表达力。

1.1 为什么需要表达力

作为一名每天面对镜头的主播，生动的表达力越来越重要。这是因为如今的市场环境发生了很大的变化，每个行业趋于网格化，品牌趋于人格化，消费者受情绪的牵引更胜理智。因此，主播需要有足够强的表达力，能准确描述行业、品牌人设，并且调动消费者的情绪，才能收获更多关注，成功变现。

（1）行业网格化

如今每个行业都越来越细化，像一个个网格一样分出了许多垂直的内容。从目前直播行业的发展态势来看，垂直化的直播内容正在兴起。例如，技能培训类知识直播可以分为创业技能培训、演讲技能培训、变现技能培训等，每一个网格中的内容都可以单独列项，成为一个主播的独特定位。

我曾经也因为定位的问题而困惑很久。最初我的定位是做线上培训，这个定位让我很长一段时间都在底层发展，无法获得更多的盈利。究其原因，我发现自己没有找到更高价值的定位，以及更适合的服务对象。

我的定位主要是女性魅力演讲教练，所以我需要更多地呈现立体的魅力价值，表演得更加生动是我的个人标签，也是我区别于其他老师的地方。有了这个细化的定位，那些想要一位灵动感强的老师的客户就会主动找到我，我也就成了这个细分领域中的唯一。

在行业中做纵向细分是如今的一大市场趋势。因此，你需要有足够强的表达力精准描述自己所在的细分行业，即你的特点是什么、价值是什么、与他人有什么区别。只有这样，那些高价值客户才能精准地找到你、为你下单。

（2）品牌人格化

如果仔细分析那些爆红的品牌，你会发现广告营销的时代已经过去了，现在是品牌人格化的时代。无论是"你爱我，我爱你"的蜜雪冰城，还是老乡鸡的"土味"发布会，都在试图打造一个人设让消费者记住。

同样，主播也是如此。要想让消费者记住自己的个人品牌，主播就要学会通过表达力呈现自己的人格、人设，为自己贴上深入人心的标签，形成自己的直播特色。

我有一位学员是做童装销售直播的。她在直播时为了更贴近客户——宝妈群体，就为自己打造了"职场女强人"和"卖童装的妈妈"的人设。她在直播中不仅销售童装，还会分享自己的育儿经验和创业故事，吸引了很多妈妈们的关注。

直白、干瘪的叫卖式宣传已经打动不了如今的观众，主播只有全方位、立体地展现自己，塑造一个观众喜欢的人设，才能化被动为主动，吸引观众的注意。

（3）消费情绪化

原来的消费者去购买一件东西，不管是在线下还是线上渠道，都是先有计划，后发生购买行为。但是，随着消费升级，销售渠道越来越多样化，很多品牌不再被动地等着消费者产生购物需求，而是主动去刺激消费者产生购物需求。

以直播为例，现在很多以带货为内容的直播也不再只是喊"1、2、3，上链接"，而是会设置一个场景，将观众带入进去，然后不断调动观众的情绪，让他们产生购买需求，进而下单。而这个调动观众情绪的过程，需要主播拥有比较强的表达力和呈现能力。

综上所述，表达力是一个优秀主播不可或缺的能力，不管是描述定位、建立人设，还是调动观众的情绪，都需要主播能生动、准确地表达自己的观点，呈现自己的价值，来感染、打动观众。

1.2 内容为王：由形式主导转变为内容主导

在移动互联网时代，直播平台越来越多，人人直播成为一大趋势。虽然直播行业发展火热，但其中也存在一些问题。原来以才艺展示、在线聊天、游戏解说为主的直播，模式单一，依靠粉丝的关注和打赏才能变现。而直播电商的出现虽然改变了直播行业的格局，但其市场已经被少数头部主播占据。因此，普通人想通过直播实现弯道超车，最关键的是从形式主导转变为内容主导。

仅有吸引注意的直播形式，直播不可能一直拥有可观的流量。内容为王才是直播行业乃至整个新媒体行业未来发展的趋势。

在传递文化和价值方面，直播大有可为。如何做好直播内容，使直播由形式主导转变为内容主导呢？

（1）坚持知识输出

提到做内容，东方甄选可以说是一骑绝尘。在抖音，有无数个模仿东方甄选的账号，可惜最后都不得其法。以东方甄选的头部主播董宇辉为例，他将文化输出作为直播导向，没有大声地叫卖，没有过度渲染产品功能，他的解说甚至和卖货无关。

作为一位老师，董宇辉将课堂搬到了直播间。卖一块牛排，他不仅告诉观众"steak"这个英文单词，还为观众讲解单词的起源，讲解维京海盗的历史。东方甄选直播间的内容充满人文情怀和知识含量，让人深刻体会到了知识的力量。

数据显示，董宇辉直播间的观众多为一、二线城市的白领人群，这类观众是每个品牌都渴求的优质用户。因此，很多品牌商都积极地寻求与东方甄选合作。

董宇辉的成功为已经固化的直播形式注入了新的活力，让有内容、有知识、有底蕴的直播成为未来直播行业的发展趋势。

（2）打造明星＋创新内容

明星曾是很多直播间吸引粉丝的利器，他们凭借天然的粉丝基础拥有强劲的号召力和带货能力。然而，随着众多明星纷纷下场直播，粉丝的热情也开始消退，那些在大浪淘沙后留下来的明星主播也开始在内容上下功夫。

2022年6月16日，遥望网络董事长亲自为刚签约的明星主播杨子、黄圣依夫妇策划了一场以"天仙配"为主题的轻喜剧直播。结合杨子、黄圣依以往的影视代表作《天仙配》，设计直播故事线，其他工作人员也全都身穿古装，并且每人都有角色人设，以让观众能完全沉浸在直播中。

直播当天，黄圣依直播间新增粉丝 60 万人，多个话题登上抖音、微博等平台的热搜榜，成功为"6·18"的直播预热引流。有了这次活动奠定的基础，在"6·18"直播当天，黄圣依直播间单日 GMV（带货成交总额）达到了 1.28 亿元，在 12 小时内位居抖音带货榜第一。

随着直播内容同质化的加剧，明星身份不再是主播的保护伞。虽然主播本身自带名人属性，对宣传有一定的帮助，但想在行业内长期发展，明星主播也要利用自身优势创新内容，而不是只依靠明星光环。

（3）打造纯知识内容

对于一个以知识内容为主的主播来说，数据不好，根源就是内容不好。综观那些能上热门的高质量内容，大多能引起观众共鸣，互动率极高。那么，知识内容的共鸣从哪些方面表现呢？

① 观点强大

每个人都有慕强心理，就像每个人都更可能采纳专家的意见一样。如果你输出的观点让人感觉非常权威，那么就更有可能让人信服。毕竟每个人都想跟着大师学习。

② 知识能解决问题

你需要能证明自己提供的知识比观众以前知道的更详细、更专业、更好，或者能像及时雨一样为他们解决问题。这样观众才会像收藏工具书一样收藏你，让你成为他们的助力工具。

③ 改变认知

在很多知识主播的评论区经常出现这样的评论："这个东西还可以这样，快点学，回去就用。"这是通过改变观众的固有认知，让他们产生崇拜心理，来体现内容的价值。

④ 案例解析

满足人们"吃瓜看戏"的需要，也是一种输出知识内容的形式。单纯讲授某一种知识，可能很难引起观众的兴趣。这时，我们就可以拆解一个著名的行业案例，将细碎的知识点融入案例讲解中去，让观众在放松娱乐的同时开阔视野，学习知识。

我经常在直播间里讲述自己的创业故事，作为自己知识点的解释说明。例如，我在讲解如何在直播间讲故事时拆解了一个自己曾经历过的职场故事作为说明。

第一步——目标：成为一个独立女性，不被别人掌控婚姻。

第二步——阻碍：我去了上海，公司三个月发不出工资，我面临着个人经济危机和内心的沮丧，依然坚持和老板创业。

第三步——努力：我拼命跑市场，去全国各地参加展会。

第四步——结果：我拿到了一个 10 万元的订单，老板给我发了 1 万元工资，我继续在全国努力开拓市场。

第五步——阻碍：老板因为我太努力而开除了我。

第六步——转折：我挨个给客户打电话告别，站好最后一班岗。有一个客户为我介绍了新的公司，我来到了行业排名前三的公司工作。

第七步——结果：我从一个普通员工升职到部门经理、品牌经理、分公司总经理、总公司副总经理，年纪轻轻就在职场上有所成就。

通过这个故事，我不仅讲清楚了讲故事的步骤和方法，而且直播间的观众还听得津津有味，并且更加认可我"创业独立女性"的人设，可谓是一箭三雕。

总之，东方甄选的爆红标志着直播进入内容时代。直播不再只是一种交易方式，更是优质内容传播的媒介。未来，拥有专业化内容的团队能够生产优质内容的品牌，将会成为直播这条赛道的"常青树"。

1.3 赋能产品：销售更顺畅的秘诀

直播的三个重要因素是人（主播）、货（产品）、场（场景），这三个因素关系密切。要想打造吸引力高的直播间，让产品的销售更容易，主播就要把握好直播的底层逻辑，提升人、货、场的表达力。

（1）人（主播）

人包括主播及整个直播团队，其中主播是与观众互动的最主要媒介，也是提升直播表达力的关键。主播需要通过高超的表达技巧，拉近与观众的距离，增加观众的信任感，从而将产品更好地展示给观众。

例如，有一位主播在向观众推荐一款香水时是这样介绍的："这款香水的香精浓度高达 20%，主调是柑橘、檀香和雪松，混合成一种非常清新的木质香。"这位主播介绍了许久，香水的销量依旧不高。原因就在于这位主播的介绍虽然很专业，但许多粉丝都无法听懂他的介绍，自然也不会下单。

另一位主播在推销这款香水时则是这样介绍的："这款香水是用天然香精调制而成的，安全不刺激，留香时间约为 4 小时，香水的味道像是夏天雨后森林的味道。"该主播只用了简简单单的几句话进行介绍，观众却纷纷下单。因为这位主播将"香精含量"转换成了观众更容易理解的"留香时间"，又把香水的味道形容为"夏天雨后森林的味道"。这更容易让粉丝产生想象，在心中形成对香水香味的认知。

我在多年的演讲培训中，始终强调启发观众想象力的作用。如果始终保持理性的状态是很难做出消费决定的，感性的状态更容易使人做出买单的决定。所以，通过场景描述使人产生想象力，让人进入一种感性状态，也是主播的一种重要表达技巧，能在直播间起到很关键的作用。

（2）货（产品）

直播中的货并非只是有形的产品，也可以是无形的知识、课程、方法论等。产品需要主播的介绍和场景的展示才能销售出去。但事实上，如果选好品、梳理好卖点，产品本身也可以具有表达力。

现在，我们在深夜时打开淘宝会发现越来越多商家在用虚拟主播直播。这些虚拟主播虽然可以 24 小时不间断直播，但与真人主播相比，其灵活性和表达力稍差。因此，许多品牌方就相应提升了夜间直播间产品贴图的丰富度，包括产品样式、优惠等，以此增强产品本身的表达力，弥补虚拟主播的不足。

同样，对于知识产品，如售卖课程，如果海报设计得很有吸引力（见图 1-1），加上观众较高的好评率，也会让人看完就忍不住要下单。由此可见，产品的合理展示也具备很强的表达力。

图 1-1　"演讲成交力"海报展示

（3）场（场景）

除了主播的表达力以外，场景的表达力对于直播也非常重要。优质的场景可以让直播内容更吸引人，让观众更有沉浸感。

很多直播间会通过别具一格的妆造，打造剧场式、综艺式直播场景，放大直播的娱乐效果。例如，主播身着古装，走在古色古香的江南小镇中，然后向观众推荐当地的特色产品或旅游项目，肯定比在棚内定点直播更有表达力和说服力。

优质直播间的架构是一个完整的链条，将主播、产品、场景紧密联系在一起。只有让这个链条无缝衔接地运转起来，产品销售才会更加顺畅。

作为一名知识主播，我在 2021 年 11 月 6 日和 2022 年 7 月 30 日分别完成了 12 小时的直播，这两场直播都实现了数百万元预售的目标，介绍的都是魅力演讲的课程学习内容。

第一次展示了独特魅力直播间，用 6 款不同的服装代表不同的演说角色；第二次用 7 种服装色彩代表不同的连麦嘉宾。多种色彩的服装使直播场景令人心情愉悦和放松，让更多人可以在这场长达 12 小时的魅力演讲峰会中耐心听下去，也让观众对下一套造型充满期待。而且，课程预售目标也顺利完成。

-------------------------- **我的实战案例** --------------------------

在 2021 年夏季，我曾经帮助云南丽江的一位果农做杧果带货。那么，我是如何赋能产品的呢？一是讲好产品故事，二是赋

予产品价值。

（1）讲好产品故事

很多人做直播带货都会讲产品的功能、成分及使用价值等，这样虽然也能赋能产品，但它不生动，没办法让观众深刻体会到产品的好处。这时我们就需要为观众讲解产品故事，即产品的使用对比，让观众更直观地看到产品的价值。

例如，我在直播间将当地的杧果和普通商超的杧果做对比，包括杧果的产地、质量、色泽、果肉的厚度等，让观众可以直观地看出我们的杧果更优质。

（2）赋予产品价值

这里说的赋予产品价值不只是产品本身的实用价值，还有精神价值。我在直播时特意点明杧果干都是手工制作，非常环保健康（说明产品本身的价值）。除此之外，我还讲述了果农的困难情况（赋予产品精神价值）。我说："因为市场和物流的原因，丽江这一片的果园没有人收货，许多果农只靠着卖杧果维持生计，一个月只能收入1000元甚至几百元。如果没有大家的帮助，这些杧果就要烂在地里面。但是，这么好的杧果，又大又甜，实在太可惜了。我希望通过我的直播间，把这个杧果从丽江带到全国各地去，帮助果农渡过难关。"当时直播间的很多观众被助农精神打动，纷纷下单。

除了直播间，我还在社群及朋友圈宣传这种精神价值，让更多我的新老粉丝们关注并购买杧果。

与此同时，除了销售杜果，我还做了一个促销。那就是花 99 元买 10 斤杜果，可以获赠我价值 99 元的课程。这个策略实现了知识与情怀的结合，使产品赋能达到了顶峰。这时我卖的杜果不仅拥有杜果本身的价值，还承载着助农精神及知识课程的附加价值。

主播在带货时也可以从多个角度赋能产品，包括产品的基本价值、精神属性、人生观、价值观等，把产品的价值丰富起来，让观众有更多的获得感，才能一步步地把销售推向高峰。

1.4　信任传递：能带来指数级增长，也可让热度降至冰点

信任是一把双刃剑，主播可能因为得到信任而渡过难关，也有可能因为失去信任而跌落谷底。近年来，知名主播"翻车"的新闻屡见不鲜，直播行业风波不断，吸引了大批网民的关注。风光无限的直播行业背后乱象丛生，这让许多观众不再信任主播，甚至对主播有了根深蒂固的偏见。

影响观众对主播的信任度的因素

影响观众对主播的信任度的因素主要有以下两个，如图 1-2

所示。

图 1-2　影响观众对主播的信任度的因素

（1）专业能力不过硬

直播是一场需要随机应变的超长时间展示，很多主播经常直播 8 小时，甚至 12 小时，以不断吸引流量，确保自己的直播始终有人观看。在这样漫长、高压的环境下，主播需要很强的表达力、控制力来把控直播间的整体节奏，保证不让观众看到丝毫疲态。

台上一分钟，台下十年功。想在直播过程中始终保持精神饱满的状态，主播就要在平时不断提升专业技能。例如，做知识付费的主播就要极其熟悉专业知识，做到讲的每一个专业问题都正确。否则，不仅容易降低观众对自己的信任度，还会影响变现效果。因为没有人会从一个不专业的老师那里买课程、学习知识。

（2）弄虚作假

诚信是一切交易的前提，直播带货也不例外。被流量吸引来的各行各业的主播和被各种营销活动吸引来的观众之间并不存在信任基础，观众对主播的印象全凭主播在直播时展现的形象。如果这个形象是虚假的，那么这个虚假的形象给主播带来多少红利，就会让主播遭受多大的反噬。

　　例如，一位做知识付费的主播，其人设是名校毕业、深耕某行业 10 年。然而，如果他对外宣传的人设是虚假的，有朝一日东窗事发，那么不仅他前期积累的粉丝会流失，还会被广大观众永远贴上不诚信的标签，哪怕转做其他内容也会被质疑。

主播向观众传递信任的方法

　　主播与观众之间的信任并不是一朝一夕就能够培养出来的。主播需要不断加强专业技能，诚信做人、做事，不断与观众互动，以此加强与观众的联系，逐渐获得观众的信任。主播向观众传递信任的方法，如图 1-3 所示。

多看评论，
耐心回答观众的问题

01

02

制造话题，
引爆观众互动

图 1-3　向观众传递信任的方法

（1）多看评论，耐心回答观众的问题

回答观众提出的问题是主播与观众进行互动的有效方法。在直播过程中，观众会不时地询问一些他们没有听明白的问题，如产品细节、直播间的活动等。而观众进入直播间的时间并不统一，很多时候主播已经回答了一位观众的问题，不久后就又有刚进入直播间的观众询问同样的问题。这样的情况经常发生，主播需要时刻对观众保持耐心，认真对待观众的每一次提问，以塑造耐心、值得信赖的形象。

有些观众或许会出于好奇而提出一些与直播内容无关的问题。例如，在直播时，主播身后出现了一条小狗，观众就会好奇："主播是在家里直播吗？这是主播养的小狗吗？"对于这一类与直播内容无关的问题，主播可以适当地做出回答。例如，"这是公司养的小狗，名字叫旺财，是我们公司的团宠哦。"这种回答既能满足观众的好奇心，又能让观众看到主播生活化的一面，提高观众对主播的好感。

主播在直播间与观众的互动非常重要，双向互动会让观众在直播间有参与感。这有助于提高观众对主播的信任程度，也有利于营造温暖的直播间氛围。

（2）制造话题，引爆观众互动

在长达几个小时的直播里，如果主播一直围绕主题自说自话，难免会让观众感到疲惫。因此，主播要制造话题让观众参与讨论，引爆观众互动。

例如，在直播间，求认同、打"主播金句"等互动行为都非常重要，能增加整场直播的热度。

在直播前，主播可以准备三四个话题。这些话题要与直播主题相关，避免内容过于敏感，最好能在轻松愉悦的氛围中把直播间的热度调动起来，让观众更加积极地参与直播互动。

例如，主播销售理财课程，可以抛出一些理财的痛点话题让观众讨论，如基金定投如何做、如何进行无风险理财等。

在讲演讲主题时，我会经常提问："大家演讲最头痛的是什么？是成交不好，还是逻辑不清晰？"有一次直播讨论到每个人的演讲风格不同，对于风格的解释，我和观众就在直播间互动，提出一些问题。例如，老虎的特性是什么？孔雀的特性是什么？大家纷纷在屏幕中作答，互动感特别强。

主播在与观众进行话题讨论时，也能够使观众看到自己对某些事件的独特见解，体现自己的专业性，增加表达力。双方可以在讨论中加深了解，拉近彼此的距离，主播也能因此与观众建立信任关系。

1.5　共情力量：强亲和力拉近主播与观众的距离

人与人之间的交流，其实是情绪、情感的传递。与观众共情是拉近主播和观众距离的捷径。那么，主播如何做到共情呢？

（1）增强幽默感

俗话说，伸手不打笑脸人。人们都更喜欢接近风趣幽默的人，对他们更易卸下心防。

例如，某主播说普通话时会带有方言口音。在一次直播中，一位粉丝评论道："主播还是捋好舌头再说话吧，这样讲话听着真别扭。"这句话使直播间的气氛瞬间降了下来。但是，该主播并没有因为这位粉丝的话而生气，他笑着说："之前有人问我，作为主播怎么连普通话都说不好？其实，我是怕我普通话说得太标准，把你们迷倒。"这一番话不仅巧妙化解了尴尬，也让直播间的气氛再次活跃起来。

有一次讲到普通话问题，我曾直接回答："如果你爱我，我所有的缺点都是特点；如果你不爱我，那么我所有的特点都是缺点。"一时之间，粉丝纷纷留言"我爱你"。

（2）与观众统一语言

如今，年轻人已经成为直播的主要观众群体。因此，对于主播来说，如何吸引年轻观众的关注变得十分重要。主播需要深入了解年轻观众的生活，和他们"打成一片"，才能获得他们的认可，吸引他们观看自己的直播。同时，主播可以学习一些流行语，以方便与年轻观众交流。

（3）寻找共同话题

从共同话题入手，与观众展开讨论，能够展现主播的亲和力，拉近与观众的距离。例如，自从支付宝开放理财直播以来，越来越多的基金公司也加入直播营销的大军中，抢占直播流量风口。相比带货，这些基金公司更倾向于进行知识型直播，因为投资者最关心的是基金公司是否与自己站在一起。基金公司通过直播解答投资者关心的问题，输出投资的理念、方法、观点，树立严肃、专业且值得托付和信赖的形象，拉近与投资者的距离，真正做到利益共享、风险共担。

共情是与观众建立信任关系的捷径。主播要针对观众最敏感、最关心的问题进行共情，以此让自己的表达更有力度，更吸引人。

1.6　审慎选择：平台选择决定直播风格

直播行业风头不减，淘宝、抖音、快手等主流直播平台都借此获得了飞速的发展。微信、京东、拼多多、网易考拉、小红书、知乎等多个平台也纷纷布局直播行业，与多位明星合作，开展直播业务。

选择一个合适的平台是主播进入直播行业的第一步，这决定了主播将使用什么直播风格与观众进行互动。淘宝、快手、抖音、视频号的直播风格如图 1-4 所示。

1 淘宝：强电商、弱娱乐

2 抖音：记录美好生活

3 快手：还原真实生活

4 视频号：基于社交关系推荐内容

图1-4　4个直播平台的直播风格

（1）淘宝：强电商、弱娱乐

淘宝中的产品基本覆盖了所有品类，并且由于淘宝用户中女性占比较高，女装、珠宝、美容护肤品类产品的销售额占比最大、增速最快，因此商家腰部化、消费者年轻化、市场下沉化、直播带货品类多元化成为发展趋势。

淘宝直播更强调电商属性，也就是更强调产品的出售情况，而对直播中的娱乐内容并不重视。因此，大家往往可以发现淘宝直播的产品性价比较高。

（2）抖音：记录美好生活

抖音短视频作为目前我国最火热的短视频平台，为直播提供了天然的流量接口，这是其他平台无法比拟的优势。

抖音直播更看重内容，因为很大一部分观众都是通过短视频渠道进入直播间，所以短视频的播放量、质量将会直接影响直播的流量。抖音中的短视频倾向于向大众展示积极的一面，更像是一个人美好生活的缩影。

因此，我们可以看到，在抖音 30 日内好物榜中，精品女装、食品饮料、鞋包饰品占比超六成，0 ~ 200 元产品占比超八成。上述产品品类与抖音直播定位的一、二线城市"90后""95后"女性用户画像较契合，她们拥有较强的购买欲望及一定的经济基础，对美妆、服饰、零食等品类产品的关注度更高。

（3）快手：还原真实生活

在没有过多宣传的情况下，快手的用户量依然持续增长，一举成为短视频领域的领导者之一。相比其他较"高大上"的同类平台，快手的定位似乎更加贴近真实生活，目标群体也更加广泛。

与竞品相比，快手最大的特点是基于信任关系建立的短视频社交平台，而信任关系是直播最重要的基础。快手的用户主要是二、三线城市的居民，他们非常热衷于分享自己的生活，通过真实、质朴的内容引起其他用户的共鸣。因此，快手中热销的产品主要有零食、美妆、服饰、农副产品等，客单价为 30 ~ 50 元的占比最高。

快手的观众——"老铁们"非常信赖主播的推荐，观众与主播之间的感情比较深厚。快手上很多主播通过和观众"唠嗑"的方式推销自己直播间的产品，因此快手观众的忠诚度略高于其他平台。

（4）视频号：基于社交关系推荐内容

视频号是基于微信用户资源搭建的。微信的主要功能是社交，最强大的资源是用户的好友关系。所以，视频号一开始就不走寻常路。与抖音、快手基于兴趣推荐机制的陌生人社交完全不同，视频号是基于社交关系推荐内容。

视频号基于微信自身的属性和特点，在信息传播过程中成了人们社交的中间人，从已有的熟人圈子出发，通过点赞把视频作品推荐给朋友的朋友，帮助用户通过社交圈层去扩散和触达更广阔的人群。这是视频号产品设计得最巧妙的地方。

视频号的价值在于可以打造个人 IP，提升个人影响力。我们微信通信录里的很多好友可能已经"沉睡"了好多年，甚至他们都已经忘记我们是谁、在什么场合添加了我们的微信。如果让这些熟悉的陌生人就这样一直静静地"沉睡"在我们的微信里，他们不会产生任何价值。

我们需要用一个新的场景来激活他们，而直播间就是一个可以激活他们的最佳场景。通过直播间，我们和微信好友就可以进行即时、面对面的沟通。这些微信好友就好像我们的老同学，如果我们和他们很久都没有联系，那么关系可能就慢慢变淡了。只有经常见面，关系才能维持，甚至可以进一步加强。

直播行业中，不仅有以上平台在直播上发力，还有很多平台也在摩拳擦掌、积极布局。不同平台拥有不同类型的观众，为了迎合观众的差异化喜好，主播在各平台的直播内容类型也要有差异。

1.7　及时"避坑"：主播容易陷入的七大误区

现在很多直播平台的规则逐渐完善，规矩也越来越多，主播稍不留意就会被限播、被关"小黑屋"。主播在直播时一定要注意避免陷入以下七大误区。

（1）法规

直播规则千万条，守法第一条，主播务必要遵纪守法。如果主播做出违反国家法律法规、行业规范的行为，轻者暂时禁播，重者永久禁播，甚至承担法律责任。

除了国家法律法规以外，主播还要注意直播间话题的合规性，明确什么能说、什么不能说。例如，只有获得专业资质认证的主播才可以讲的话题，没有相关资质认证的普通主播就不能在直播间里讲。目前，很多直播平台的系统监测功能非常强大，一旦直播间被检测到有违规行为，系统马上就会停止推荐，严重者甚至会被封号停播。在这一方面，主播务必要注意。

（2）着装

主播的衣着要规范，国家机关工作人员的工作制服是一定不可以出现在直播间的。女主播在衣着打扮上需要特别注意，女主播在做动作时一定要注意防止走光，哪怕是无意的，被平台检测到也会被判违规。另外，有些瑜伽、健身主播为了展示自己的身材，可能会穿着比较修身、比较薄，甚至比较接近肉色的服装，都会被判违规。如果主播不及时整改，就会被限制推流或强制下播。

（3）宣传

带货类直播间在推荐产品时需要遵守《广告法》，不要夸大宣传。特别是化妆品、营养品带货主播在推荐产品时要注意用词，有些关于产品功效的词是不能说的，如美白、治疗效果等。

（4）未成年人

未成年人担任主播属于严重违规。如果让未成年人担任模特、演员或代言人参与直播带货，属于中度违规；如果未成年人在无大人陪同的情况下单独出镜，属于轻度违规。但以下情况不属于违规：联欢表演、校庆、娱乐赛事等儿童集体活动；家庭聚会、教学等集体场景。

（5）录播

有些主播想偷懒，用录制内容替代直播。录制的内容包括产品介绍视频、活动录像、广告片段及其他直播平台的录像等。根据一些平台的规定，如果主播用录播替代直播，属于中度违规。

（6）"黑粉"

直播间是公开的，什么人都可以进来观看。有些人就喜欢在评论区跟主播"抬杠"，有时候主播气不过就会加以反驳，结果对方也奋起反击，与主播开启一场"口水战"。然而，这样的后果可能是对方走人后还恶意投诉主播。

主播遇上"黑粉"，最好的应对策略就是不要理会，直接将其禁言或拉黑，不要让"黑粉"影响到自己在直播时的心情。而且，主播一定要做好自己的言行管理，做到言行规范、举止有度。

（7）画面无人

主播离开直播画面时间太长也算违规。有些主播长时间直播，中途可能会离开一段时间。如果主播离开的时间超过 5 分钟，平台就会开始提醒，多次提醒无效后就会算作违规。

出现违规怎么办

不管主播如何小心，"掉坑"总是难免的。即使非常有经验的主播，也可能会因为一不小心说了某个违禁词，或者无意做了某个违规动作而"掉坑"。但是，即使"掉坑"，甚至被关了"小黑屋"，主播也不要过于紧张。

首先，主播出现违规，平台官方一定会有信息提醒，说明违规原因及相关处罚是什么。其实，现在很多平台的违规判定已经非常人性化，对违规行为的判断也越来越准确，大部分违规情节都不算很严重，基本上大多只被限流，而不会被禁播。

其次，轻微违规不会影响直播间信用分。只要主播在一个检测周期内不再违规，信用分是可以恢复的。例如，对于一些比较严重的违规现象，视频号采取阶梯处理方案，如表 1-1 所示。

表 1-1　视频号对违规现象的阶梯处理方案

信用分所处区间	账号级处置方式
信用分＞95 分	无处置
95 ≥信用分＞90	轻度限流 3 天
90 ≥信用分＞85	轻度限流 7 天
85 ≥信用分＞80	中度限流 3 天
80 ≥信用分＞75	中度限流 7 天
75 ≥信用分＞70	重度限流 3 天
70 ≥信用分＞65	重度限流 7 天
65 ≥信用分＞60	禁播 3 天
60 ≥信用分＞55	禁播 7 天
55 ≥信用分＞50	禁播 15 天
50 ≥信用分＞0	禁播 30 天
信用分 =0	禁播永久

　　如果主播真的违规了，被限流了，应该怎么办？影响直播间权重的因素有六个：直播时长、在线人数、礼物量、点赞量、评论量和订单成交量。主播只要从这六个方面出发，多开播，增加直播时长，多互动，让粉丝在直播间停留的时间更长，让粉丝多点赞、刷小礼物，甚至下单购物，就可以逐渐提升直播间的权重。直播间的权重越高，平台对直播间的评分就越高，流量也就能恢复。

升级思维:
新时代主播如何提高表达力

主播的一言一行需要掌握技巧和分寸。主播的表达力将直接影响主播是否对观众具有吸引力,也关系到主播的人气,乃至销售业绩。如果主播只是在镜头前平铺直叙,就很难留住很多的流量。本章将借助专业的思维方法与表达模板,详细讲解主播提高表达力的方法。

2.1 金字塔逻辑思考图：锁定问题、明确结论、寻找论据

在一场直播开始前，主播需要确认两个重点：一是本场直播可以解决什么问题；二是希望得到观众什么样的回应。在实际操作时，主播可以用金字塔逻辑思考图进行分析，如图2-1所示。

图2-1 金字塔逻辑思考图

在构建金字塔逻辑思考图时，主播要先明确问题和结论，然后写出3个或3个以上支撑结论的依据。这些一级论据本身也可以是论点，被二级的3～7个论据支持。如此延伸下去，就可以构成金字塔的形状。那么，什么样的沟通方式更容易理解呢？一般来说，主播要遵循"论点→结论→理由→行动"的顺序，这样可以让沟通更清晰、更有条理。

其中，结论是对论点的回答，只要论点明确，就很容易得出结论。在阐述结论时，主播可以使用由主语和谓语组成的判断句，

即"××是××"。而在口语表达中，主播为了方便，也可以省略主语。

例如，美妆主播可以对直播间的观众说"我们平时用了那么多补水的护肤品，皮肤还是很干"，那么结论就是"用了补水的护肤品，皮肤仍然很干的原因是补水方式不对"。

明确了论点和结论的关系后，主播还要明确结论和依据的关系。如果主播想要阐述的内容很多，那就要思考最重要的内容是什么。最重要的内容就是结论，而其他内容则可作为结论的依据。

在寻找论据方面，主播还应该做到以下两点。

第一，自下而上地思考，自上而下地表达。从已有的素材和论据出发进行思考，并提炼概括得出的结论；从中心论点出发进行表达，阐述论据。

第二，按照逻辑顺序组织架构，纵向总结，横向归纳。将已有的素材按照一定的逻辑顺序进行分析、整理，让内容呈现出有序的结构。纵向是按层次关系分类，即上一层次内容是对下一层次内容的概括，下一层次内容是对上一层次内容的解释和支持。横向是按关联关系分类，即将相似的内容归为一类。

2.2　黄金圈法则：Why/How/What

黄金圈法则其实就是三个套在一起的圈，里圈是 Why（为什么），中圈是 How（怎么做），外圈是 What（做什么），如图 2-2

所示。

图 2-2 黄金圈法则结构图

黄金圈法则最早由演讲者西蒙·斯涅克提出，指的是演讲者在和观众沟通时应该遵循从内圈到中圈再到外圈的顺序，即从 Why 到 How，再到 What，这样更容易激发观众的热情和积极性。

黄金圈法则最内圈是 Why，关键点是目的、使命、信念，即为什么要做；中圈是 How，关键点是过程、方法，即具体应该怎么做；外圈是 What，关键点是结果，主要说明这是一件什么事情、有什么特点、你做了什么。该结构可以充分且立体地展示出直播内容的方方面面，从而为主播进一步优化直播效果提供指导。

如果主播想利用黄金圈法则向观众介绍一款扫地机器人，那么主播可以从三个方面着手。

首先，从内圈的 Why 说起，先阐述为什么要研发并生产这个产品，即为什么扫地机器人会存在，它的核心使命是改变很多人没时间扫地、拖地的现状。

其次，介绍中圈的 How，阐述这个产品怎样帮助他人或怎样改变了他人的生活，即说明扫地机器人的使用方法、运行原理、搭载的技术等。

最后，介绍外圈的 What，阐述这个产品拥有什么作用和价值，即扫地机器人能帮助人们扫地、拖地，使人们解放双手，让人们拥有更高的生活质量。

要得到人们真正的关注和接受，直播内容就要具备价值。因此，主播需要展示自己的直播内容给观众带来的好处。在直播中，主播需要指出一些观众关心的问题（如演讲表达成交力差、皮肤问题频发、生活质量低等），并向观众描述出现这些问题的原因（如没有让表达逻辑形成回路、护肤手法不当、没有时间做家务等），最后进一步阐述自己的直播可以帮助大家解决这些问题（如天龙八部演讲成交方法、学习正确的护肤手法、推荐智能家用电器等）。

2.3 SCQA 模型：结构化的故事叙述模式

如果想让沟通更顺畅，除了要使用金字塔逻辑思考图以外，主播还应该掌握 SCQA 故事叙述模型。SCQA 模型由四个要素组成，如图 2-3 所示。

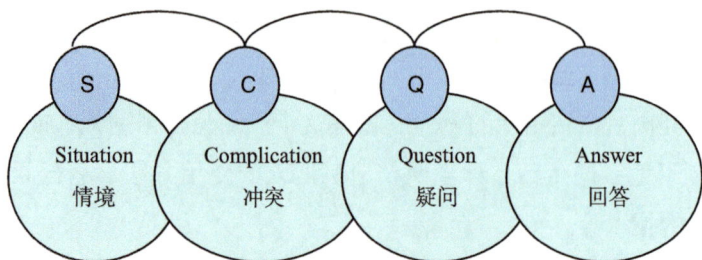

图 2-3　SCQA 模型的组成要素

S：Situation（情境），由大家都熟悉的情境引入事实。

C：Complication（冲突），实际情况往往和大家的要求有冲突。

Q：Question（疑问），怎么办。

A：Answer（回答），解决方案是什么。

主播在沟通时，如果要利用 SCQA 模型，就应该创建有意义的情境，提出有凭据的答案。例如，某位饮品主播就以 SCQA 模型为观众模拟了浓缩咖啡液的使用场景，最终获得了可观的销量。

S：Situation（情境）。"不知道大家有没有这样的经历，自己公司在比较偏僻的郊区，在附近找了很久也没有一家很好喝的咖啡店。"

C：Complication（冲突）。"公司楼下好不容易开了一家咖啡店，但价格高，口感还特别差。"

Q：Question（疑问）。"此时应该怎么办呢？"

A：Answer（回答）。"您只需要购买我展示的这款浓缩咖啡液。这款浓缩咖啡液不仅价格实惠，而且口味正宗。接下来，我将为您介绍这款产品的优惠信息。"

主播用 SCQA 模型介绍产品，不仅能够将产品的使用场景介绍清楚，还可以用冲突激发观众的购物需求，促成交易。

2.4　MECE 分析法：找到"线头"，厘清思路

MECE（Mutually exclusive and collectively exhaustive，相互独立，完全穷尽）分析法有两个特点：一个特点是各部分相互独立，另一个特点是所有部分完全穷尽。相互独立意味着问题在同一维度上，而且不可重叠，这样才不会反复分析一个问题；完全穷尽意味着全面、周密地分析问题，这样才可以没有遗漏，如图 2-4 所示。

图 2-4　MECE 分析法

MECE 分析法的重点在于帮助大家找到所有影响预期目标的关键因素，并找到所有可能的解决办法，然后据此制定令人满意的解决方案。在使用 MECE 分析法时，我们需要注意以下事项。

第一，在明确所有问题的基础上逐个往下层层分解，分析出

关键问题和初步的解决思路，直至所有问题都找到令人满意的解决方案。

第二，在不考虑现有资源限制的基础上，找出能够解决问题的所有可能方法，这些方法还包括多种方法结合产生的新方法。

第三，在现有资源的基础上，对所有可能方法进行分析和比较。

第四，从所有可能的方法中找到最符合当下实际情况，也最令人满意的方法。

例如，主播可以通过 MECE 分析法分析自己直播间的业绩为什么不好。在有了切入点之后，就需要对问题进行定义，即直播间利润下降是由哪个因素造成的、如何解决？

第一层：利润 = 收入 – 成本。

第二层：收入 = 数量 × 单价；成本 = 固定成本 + 变动成本。

第三层：变动成本 = 数量 × 单位变动成本。

直播间的利润 = 销售收入 – 进货成本 = 产品销售数量 × 产品单价 – 固定成本 – 产品销售数量 × 单位变动成本 =（产品单价 – 单位变动成本）× 产品销售数量 – 固定成本。

综上所述，直播间的利润受产品单价、单位变动成本、产品销售数量及固定成本等因素的影响。这名主播通过分析数据得知，产品单价、单位变动成本、固定成本都没有变，便可以得出结论：造成直播间利润下降的原因是产品销售数量减少。

此时，主播需要回到最初的切入点，即如何提高直播间的利润。主播可以通过设置引流产品、开展优惠活动等方式，增加销售数量，提高利润。

MECE 分析法能够将所有可能导致目标问题出现的因素列举出来，让主播厘清思路，明确根本原因。主播分析得越透彻，列出的问题层次越多，最终找到的原因就越精准。

总之，无论是分析事实、创建假设，还是证伪假设等环节，都要贯穿 MECE 的思维准则，即对问题的思考要完整、有条理。MECE 分析法有利于主播培养结构化思维，而结构化思维则能够帮助主播解决直播中出现的一些关键问题。使用 MECE 分析法，我们需要找到"线头"，厘清思路，而不是否认事物之间的相互联系。

2.5　剔除"枝蔓"：思想的"枝蔓"＋表达的"枝蔓"

人们总喜欢以天气、家庭、兴趣爱好及经历作为话题进行闲聊，这种漫无目的的沟通往往是没有效率的。直播与日常交流有很大不同。直播需要有明确的话题，而且话题还不可以过于分散，需要与直播内容相关，因为人的精力总是有限的。

在直播中，如果主播不停地变换话题，结果可能是没有任何一个话题能够得到深入讨论，观众和主播也达不成共识，导致没人下单。这就好像一棵树的枝蔓太多，就分不清主次了。直播中的"枝蔓"有两种：一种是思想的"枝蔓"；另一种是表达的"枝蔓"。

（1）思想的"枝蔓"

人的思考通常都是从发散思维开始，再由收敛思维结束。在发散思维时，"枝蔓"越多越好，而在收敛思维时，"枝蔓"则越少越好，以便于找到集中的"点"。以回答"干货是什么"这个问题为例，很多人都觉得这是一个难解的问题。

作为一个网络词语，"干货"在不同的背景下有着不同的含义。例如，"接地气""不空洞""原创""内容翔实"等词语都与"干货"有关。

于是，有人赋予了"干货"一个只有七字的含义：没有废话的长文。

这个含义把其他"枝蔓"剔除了，非常精简，也很难被反驳。这个含义就是剔除了思想的"枝蔓"，保留了最核心的东西。

对于知识主播来说，每次直播之前需要准备演讲大纲，确保在直播间能够顺利把直播内容的核心主旨，即要表达的"干货"表达清楚。如果思想发散了，"枝蔓"丛生，就会让观众的收获感降低，观众没有办法领略到直播的深度要义。

（2）表达的"枝蔓"

有些人说话非常啰唆，明明一句话能说清楚的事情，非要长篇大论，不断重复非重点内容。现实中，很多人不懂得用简练的语言表达观点。这是因为"减字"要比"增字"更费力，更需要很强的逻辑思维能力。一般来说，表达的"枝蔓"主要包括偏离主线和过度交代两种。

偏离主线即东拉西扯，很久都不能进入正题。为了剔除表达的"枝蔓"，主播应该把东拉西扯的内容全部舍弃。过度交代则是"用力过猛"的表现，即因为怕别人听不懂，所以尽量把事情说得十分详细。

要想剔除表达的"枝蔓"，仅做到不偏离主线或不过度交代是远远不够的。主播还应该使用"比喻"，这样才能起到"四两拨千斤"的效果。例如，对于"如何看待喜欢你而你却不喜欢的人"这个问题，有人打了一个比喻：对于那个喜欢你而你却不喜欢的人，他就像餐桌上的一盘苦瓜炒肉，虽然可以吃到肉，也能败火，但味道总是苦了一些。"苦瓜炒肉"这个比喻之所以很贴切，是因为这个比喻剔除了"枝蔓"，仅抓住核心主线进行描述。

思考和表达都是一种训练，主播要想剔除"枝蔓"，必须进行长期、有意识的练习。因此，主播在思考和表达时要有意识地剔除一些无关紧要的东西，这样才能在直播时提出更鲜明的论点及更充分的论据，以说服观众。如果过长地东拉西扯、偏离主题，很容易让观众感到乏味，进而离开直播间，导致在线率不断下降。

2.6 "语言钉"：你也能金句频出

"语言钉"是指凸显核心价值、特点的词语或金句，如"怕上火，喝王老吉""今年过年不收礼，收礼只收脑白金"等。"语言钉"不仅可以帮助主播用一句话将产品的特点展示出来，形成产品的标签，还可以广泛传播成为话题，为直播间及主播增加关注度。

央视主持人朱广权曾为湖北地区的农副产品带货，其因全程表现高能、金句不断，让不少网友看后直呼就像在上一节历史文化课。

例如，朱广权在介绍武汉热干面时从武汉的历史入手，他说："武汉是历史文化名城，楚文化发祥地，春秋战国以来一直都是中国南方的军事、商业重镇。来到武汉有很多地方值得去转，比如你可以漫步东湖之畔，黄鹤楼上俯瞰，荆楚文化让人赞叹，不吃热干面才是真的遗憾。"这个介绍不仅描述了武汉悠久的历史文化，还强调了热干面在武汉美食中的重要地位。

然后，朱广权又让观众从历史中脱离出来，描述了烟火人间："热干面看似泼辣，但是热心肠。你需要不断地翻转它、品它，细品才能品出它的滋味。这就叫人间烟火气，最抚凡人心。"这一番话使观众脑海中浮现武汉街头人头攒动，人们在路边小吃摊上低头吃热干面的热闹画面。

最后，为了冲刺销量，朱广权还引用了一句歌词："黄鹤楼，长江水，一眼几千年；老汉口，热干面，韵味绕心尖；愿亲人都平安，春暖艳阳天。"

整个描述从历史到日常，情景交融，而且还句句不离产品，不仅让观众在愉快的氛围中买了产品，还了解了产品背后的历史文化，可以说是集知识输出与卖货于一体。这样的"语言钉"为观众带来了不一样的消费体验，大大带动了观众的消费热情。我自己在直播时大概 10 分钟就会产出一条金句，如"不要对老师有期待，而是对自己有要求""外求求一世，内求求一次""无冕之王，才是王中王""唤醒比教育更有力量""落地一件小事，就能成大事"等，可以供大家参考。

语言的价值是不可估量的，主播需要深挖产品背后的内涵，将其与产品的功能及使用场景结合起来，形成"语言钉"，增加产品的记忆点，刺激观众消费。

我建议大家在平时要多积累和记忆各类金句、名言，做到在直播中能够脱口而出，展示自己的文学涵养。

2.7　"视觉锤"：直播间元素设计

很多主播在打造直播间时不重视视觉的作用。实际上，要想打响名气，不仅需要"语言钉"，还需要"视觉锤"。因为主播需要强化语言的视觉效果。右脑侧重关注视觉，进而向左脑传递信息，令左脑去注意与这个视觉相关的语言文字。"视觉锤"是将语言这个"钉子"钉入观众心智的工具，其创造的可视度远超过文字的范围。

"视觉锤"理论由劳拉·里斯（Laura Ries）提出。她认为传统的定位理论主要依靠文字的力量在消费者心中占据一席之地，这显然是有缺陷的。主播要想深刻、长久地在观众心中留下印象，还需要视觉上的辅助和配合。有时候，视觉的力量甚至大于语言的力量。

我们可以回忆一下，在电影院见到的人，他们可能会大笑、大哭，情绪激烈，而那些爱读书的人却很少有明显的情绪外露。这是因为人的左右两半大脑分工不同。左脑是语言思考区域，是线性、理性的；右脑是意象思考区域，是图像性、感性的。如果主播想在观众心中留下深刻印象，最好的方法是通过"视觉锤"快速吸引观众注意。

下面介绍如何设计直播间的视觉元素。

（1）服装

主播在镜头前会被无限放大，所以需要特别注重自己的着装和外形。例如，穿职业装会给人严肃、正式的感觉，穿棉麻衬衫会给人放松、休闲的感觉，穿蕾丝花边连衣裙会给人俏皮、女性化的感觉。有些男性主播为了展示自己儒雅的形象，会选择穿中式棉麻的服装，给观众呈现一种淡然随和、有文化气息的整体形象。

除了款式的选择，面料的选择也非常重要。一般越柔软的面料越能给人以放松的感觉，而越硬挺的面料越能展现气场。我们需要根据直播的主题、内容及个人的人设选择服装风格。

（2）场景布局

除了主要人物的着装和外形，场景的布置也能影响观众的认知。例如，我们可以使用 KT 板（由聚苯乙烯颗粒发泡生成的板芯）呈现直播主题，让观众进来就能知道这个直播间的主题是什么，如图 2-5 所示。

图 2-5　KT 板展示直播主题

　　此外，我们还可以在直播间摆上一些花草和装饰品，增加生活气息。这样可以给观众更加自然、放松、舒服的感觉，让他们对直播内容更有好感。

　　直播场景也需要配合直播主题和内容进行布置，增加一些与主播内容相关的物料，可以让观众更有沉浸感和代入感。

（3）灯光

　　在直播过程中，灯光的运用也很重要。灯光打得好，场景和人物都会更加漂亮、好看。一般直播间需要四盏灯，正前方有一盏灯，左右两边斜角 45 度各有一盏灯，后面还需要一盏补光灯，如图 2-6 所示。

图 2-6　灯光位置

灯光可以衬托氛围，但不同的场景需要设置不同的灯光营造氛围。冷色光和暖色光可以在不同程度上影响人的情绪，冷色光容易使人冷静且理性，暖色光容易使人温暖而冲动。此外，还有蓝光、黄光、绿光、红光等彩色灯光，适合制造魅力四射的光影来渲染气氛。使用合适的灯光，有助于提升直播的品质；不合适的灯光会降低直播质量。

（4）色彩搭配

除了灯光，直播间色彩的应用也很重要。我本身有个标签叫作色彩导师，我会在课程中教学员如何应用色彩去传递情绪，与观众产生共鸣。下面介绍几种常用颜色代表的情绪特征。

> 红色象征热情、活泼、张扬、吉祥、乐观、喜庆，给人以热情、积极的感觉。
>
> 橙色象征快乐、能量、社交、友好、温暖、阳光，给人温柔细腻，有生命力的感觉。
>
> 绿色象征自然、富足、鲜活、生命、和谐、环境、新生、成长，会让人感受到生机，通常被认为是象征内心平静的颜色。
>
> 蓝色象征保守、稳重、可靠、诚信、平静、安全、酷，是最流行的企业颜色，会让人产生信任感。
>
> 紫色象征可爱、梦幻、高贵、优雅、灵动，有高贵、高雅的寓意。淡紫色可以给人愉快之感。
>
> 白色象征清爽、无瑕、冰雪、简单、圣洁。大面积的白色会有壮大之感，给人以包容的感觉。

每种颜色都表达出不同的生命力和生命状态，主播可以用不同的颜色表达直播的主题和自己的状态，在潜移默化中影响观众。

主播应该好好利用"视觉锤"理论抢占观众心智。在打造一个直播间前，主播首先要确定直播传递的核心内容，然后以此为基础建立"视觉锤"，打造一个气氛和谐、颜色丰富、各种元素相得益彰的直播间。

2.8 讲故事：让观众产生共鸣是关键

现代学者陆刚曾说："我们对故事的嗜好反映了人类对捕捉人生模式的深层的需求。这不仅仅是一种纯粹的知识实践，而且是一种非常个人化的，非常情感化的体验。"以故事为载体的传播形式能够吸引观众，并且消费转化率也相当可观。因为故事更容易调动观众的感性思维，让他们因为共情、感动、快乐等情绪而留在直播间。

好故事的要素

讲故事一定要让观众产生共鸣。要想讲好一个故事，主播就需要考虑好故事的各个要素，如图 2-7 所示。

图 2-7　好故事的要素

（1）背景真实化

主播要尽可能地选取真实的生活情境作为故事背景，使故事更加贴近观众的生活，让观众感到故事是真实的，从而引起他们思考与共鸣。

例如，某汽车主播和他直播间的观众闲聊："我最近特别倒霉，前两天车被别人撞了一下，今天 4S 店的工作人员打电话让我去签一份协议。我纳闷修车还签什么协议？结果我一看，协议上写着如果部件在运输过程中损坏，要自行承担损失。我才想到我这车的零件只能从国外进口，国内买不到。"

这看似只是和观众闲聊，但这个故事很真实，又容易引起观众的共鸣。而且，主播还可以通过这个故事顺势引出进口车保养及维修的话题，这个故事非常适合用在直播开始时吸引观众注意。

有一次，我本来要去买下一个大场地做直播，大概要花 500万元，之后每个月还要还月供 5 万元。我在直播间就讲了这件事情："在当今时代背景下，钱可能会给我们的创业带来压力，所以我们可以选择轻创业的方式，保持更纯粹的初心，不在压力下做有压力的决定，坚持自己的创业初心。"这件事情就引起了很多人的共鸣，我也可以就这个话题展开其他内容。

（2）人物模糊化

放弃一部分人物设定，不需要将人物的能力、经历和性格描述得太详细。虽然人物描述得特别详细能使人物形象更加鲜明，但是也可能会使没有经历过这些事情的观众感到迷惑，从而降低观众对故事的代入感和共鸣。

例如，某美妆主播在直播时对观众说："我每次化完妆出门前都要再照一下镜子，转一圈，看看衣服搭配是否合理，然后再出门。"这个故事很简单，没有强调主播的化妆和穿搭技巧，也没有强调衣服的价格，而是描述了每一个爱美的女生都曾经历过的场景，非常有代入感，也就更容易让观众因为这个共同的习惯而亲近主播。

如果主播不能快速引起共鸣，直播间会很快失去吸引力，因为观众会觉得主播说的场景跟自己没有关系。

（3）情节的借鉴性

大多数故事并非独一无二的，可能拥有相似的情节，而这些情节大多借鉴了普通人的经历。所以，很多互联网公司创始人的故事看起来都很相似，但毫不影响故事的有效性。情节的借鉴性不仅能使故事情节更有可看性，也更能让故事受众产生共鸣。

例如，很多美食主播都会讲一些自己做饭"翻车"的故事，这些故事都大同小异，包括记错步骤、用错食材、忘记关火等。因为并不是所有观众都擅长做饭，主播讲一些自己失败的故事，更能引起观众的共鸣，让他们相信跟着主播也能成功做出美食。

能够让故事的受众产生共鸣的故事就是好故事。主播可以利用一些技巧，如借鉴常见的冲突、矛盾，对故事进行组织和润色，让观众深有同感，促使观众更加信任主播。

即使听故事的观众不能全部实现转化，但他们也可以成为直播间的传播者。故事可以成为话题，让观众在下播后继续讨论主播，主动帮助主播扩大影响力。

有冲突才更能引起观众的好奇，他们才会选择继续观看直播。我曾经在课程中提出一种五感讲故事法，可以帮助你更好地与观众产生共鸣。

用五感法讲故事

如何讲一个好故事？一般细节越丰富，观众越能产生共鸣。对此，我们可以通过调动观众的五感，即视觉、听觉、嗅觉、味觉、触觉，使他们产生身临其境的感觉。

（1）视觉

视觉表达的方法有两种：一是创造人物对话，二是使用外表描述。

① 创造人物对话

对话在讲故事时经常被用来创造场景。如果你可以模仿两个人的对话，让观众像看电视剧一样形成画面感，就可以让故事更吸引他们。

我与学员连麦时经常会问他们三个问题。以一位做文案课程的学员为例。

问：你为什么会在这么多线上创业的方向中选择文案这个方向？

答：因为文案这个技能好上手，只要通过简单的逻辑训练，就能帮助别人写出非常好的文案。

问：你的文案课程的特色是什么？

答：我可以帮助学员做一对一的文案修改，可以让学员明显看出课程前后的变化。其他课程只教授方法，我还会帮助学员做优化，让他们在优化中进步。

问：你现在可以告诉我使用什么样的方式来报你的课程，你的课程很贵吗？

答：这个很简单，今天在你的直播间加我的伙伴，我可以将文案的逻辑和价格发给他。

这样的对话不仅帮助产品做了宣传，还让观众更有代入感。

② 外表描述

故事中主人公的外表描述能增强人物的画面感。例如，朱自清的散文《背影》中对父亲外貌的描述就非常经典。

父亲是一个胖子，走过去自然要费事些。我本来要去的，他不肯，只好让他去。我看见他戴着黑布小帽，穿着黑布大马褂，深青布棉袍，蹒跚地走到铁道边，慢慢探身下去，尚不大难。可是他穿过铁道，要爬上那边月台，就不容易了。他用两手攀着上面，两脚再向上缩；他肥胖的身子向左微倾，显出努力的样子。

在这段描述中，作者描述了父亲的衣服、体态、动作。这些细节使人物更加立体，让读者记忆犹新。

因此，当我们在故事中要描述一个人物时，不如先介绍他的穿着、身高、体态、特征，这样会让观众对人物产生更深刻的印象。

（2）听觉

在故事中加入一些象声词能让故事更有趣。例如，描述一个人紧张时，你可以这样说："还有 10 分钟就要开播了，我摆弄着手机，听见心脏在扑通、扑通地乱跳。"

（3）触觉

触觉是由皮肤受到刺激而产生的感觉。如果我们将其描述出来，就可以影响观众的情绪。例如，我这样描述自己第一次直播时的样子："记得第一次直播时，我十分紧张，双手不由自主地攥成了拳，指甲都把手心抠痛了，后背也一阵阵地冒冷汗。"

这句话非常好地表达了我的身体感受，"指甲把手心抠痛"这种描述能更快地带入观众的情感，让他们产生类似的感觉。

（4）嗅觉

嗅觉可以营造氛围，让故事更加生动，使观众仿佛身临其境。例如，"我开车到郊区游玩，走到半路，我忽然闻到一股花香，转头一看，原来马路边是薰衣草种植基地。"

（5）味觉

你在观看美食节目时有没有过流口水的冲动？这是因为节目

调动了你的味觉，让你产生了同样的感受。因此，我们在讲故事时也可以描述食物在嘴里的味道、口感，以引起观众的兴趣。

例如，"我给大家推荐的这款草莓蛋糕，一口吃下去，首先能感受到松软的奶油味，接着可以品尝到一股浓浓的芝士味，最后还混合着草莓的清香。甜而不腻，满满的幸福感！"

用五感法讲故事，通过对细节的描绘，可以将我们的故事转化为一部"3D 电影"，让观众不仅能听到，还能看到、感受到、闻到、尝到。这样可以让观众随着故事情节的变化产生更多难忘的感受，从而与主播产生共鸣。

2.9　人人都能成交的变现表达公式

成交是很多人直播时的一个痛点，有些主播的直播间气氛火热、互动频繁，但一到下单时却哑火了，成交数据惨不忍睹。究其原因，还是主播不会表达。下面我为大家介绍一个人人都能成交的变现表达公式，帮助你轻松突破万元成交额。

变现表达＝痛点＋产品优势＋案例＋成交主张

（1）痛点

观众为什么要购买产品？原因很简单，观众有需求没有被满足，需要你的产品来解决问题。这就是观众的痛点。我们在表达时要清楚地将这个痛点说出来，让观众感知到我们的价值。

例如，我在销售一款茶具时可以先这样说："一般茶具泡的茶，都不能隔夜饮用。隔夜茶不仅口感不好，还对身体健康有害。但我们的茶具有非常强大的保鲜功能，即使茶隔夜了还是非常清甜，让你在火车上或者户外都能喝到新鲜的茶水。"出差在路上也能喝到新鲜茶水，这就是痛点。

（2）产品优势

产品优势就是产品的功能特点，这是产品最基础的价值。主播要想让观众与自己成交，而不是与销售同类产品的其他主播成交，就要学会利用描述前后体验来体现产品优势。

例如，我销售一款护肤品时可以这样说："我的一个客户，皮肤特别干燥，夏天时脸上还紧绷起皮。用了这款护肤品，刚开始有点刺痛。坚持涂了一周，皮肤就不起皮了。使用了一个月，皮肤饱满得能掐出水来。"

（3）案例

产品故事是成交表达中不可缺少的一部分，生动的案例可以让产品的价值更丰富（赋予产品额外的精神价值）、形象更饱满。

例如，我有一个卖水果的朋友是这样形容自己卖的水果很新鲜的："我有一次众筹了一批 20 万元的樱桃，但是这批樱桃从产地运过来耽误了五六天，有些就已经烂掉了。我当时想了半天，决定不发货，给预订樱桃的客户挨个打电话，告诉他们樱桃发不了，可以给他们换成橘子或者其他水果。熟悉我的老客户都知道这件事，我们家的水果绝对保证新鲜。"

这个故事不仅侧面反映了主播的水果新鲜，还展示了主播诚信经营的态度，为产品增加了一层保障。

（4）成交主张

观众是否做出最后的成交行动，还会参考主播的成交主张。成交主张由价格和风险组成。价格就是主播为产品设置的价格，而风险就是观众购买产品会承受的风险。

人们在购买产品前，大脑中会快速思考以下问题。

① 产品真有用吗？

② 这个产品值这个价吗？

③ 产品出现问题，我能得到帮助吗？

④ 不喜欢产品，能退货吗？

主播要用成交主张消除观众的顾虑，才能让他们快速下单。例如，主播可以说："产品供您免费试用，如果您不喜欢，就可以申请全额退款。此外，我们还会赠送您运费险，让您不多花一分钱。"

有了这个公式，主播就能轻松实现变现表达，从此告别销量不佳的烦恼。

活跃气氛:
用强表达力让直播不冷场

表达力强的主播对直播过程中的各种情况有着很强的灵活应对能力,可以避免冷场,如回应观众质疑、调动直播气氛、弥补直播失误等。然而,强大的表达力并非天生就能拥有,主播要想增强表达力,需要经过后天的刻意练习与实践。本章将给你传授一些理性的表达技巧和感性的表达策略,以帮助你迅速调动直播间气氛,从此告别冷场的烦恼。

3.1 开场白：礼貌且不失幽默

开场时的气氛烘托十分关键，能在一定程度上影响直播的效果及最终的产品销量。因此，主播在直播时需要用一段开场白来活跃气氛。

如果直播刚开始就讲述正式的内容，可能会给观众一种突兀的感觉，让观众难以跟上直播的节奏。主播不妨以眼前的人、事、景为话题引申开来，使观众不知不觉地融入直播氛围中。例如，主播可以先和观众聊现场的布置、当天的天气、自己当下的心情、直播助理的穿搭等。

主播希望在直播开始时就和观众拉近距离，建立情感纽带，让观众对自己的直播有强烈的兴趣，并且能够长久地在直播间停留，而一个好的开场白对于直播中观众的留存十分重要。主播可通过以下方法设计自己的开场白。

（1）直接念出观众的昵称

"欢迎××（观众的昵称）来到直播间！"

当主播看到直播间出现陌生的观众时，主播可以直接念出这些新观众的昵称，让他们感受到自己被重视。因为被他人尊重、重视也是人们的一种需求。一般来说，观众听到主播念自己的昵称时，内心都是喜悦的，因此便会在直播间多停留一会儿。例如，"欢迎小豪来到我的直播间！"

（2）开展促销活动

"宝子们晚上好啊，今天开场就给大家送福利，出厂价1000元的产品，今天我给到大家199元的价格，心动就赶快行动吧！"

在新观众短暂被留住的这段黄金时间内，主播需要使出浑身解数使观众在直播间停留更长时间，甚至完成转化。主播需要强调这个开播福利有时间限制，只是为开播时来看的观众准备的，到一定的时间就会结束，后面进入直播间的观众将错过这个福利。

开播福利可以是一件低价的引流型产品，也可以是弹幕抽奖。例如，在视频号直接挂抽奖福袋。总之，目的是迅速提高直播间的人气，为下一阶段的直播奠定流量基础。

（3）说明送福利时间和福利内容，留住观众

"宝宝们，8点半，我们还有发红包活动；9点半，我们有个抽奖活动。关注主播，才可参与哦！"

"你看累了可以离开一会儿，但今晚8点是重磅福利，一定要回到直播间！"

很多观众在开播福利活动结束后便会退出直播间，此时主播需要及时用新的福利来留住观众，并且需要表明活动时间，给观众继续观看下去的动力。

需要注意的是，活动与活动之间的间隔不要太久，否则观众会失去继续等待的耐心，不利于观众的留存。

此外，主播的福利或抽奖产品的介绍也很重要。例如，"宝宝们，现在抽奖袋中挂的是'边演边说'30分钟语音课，是教会你

演讲更灵动、更有魅力的秘籍，学会了马上让你演讲魅力倍增！"如果有人需要这个福利，那么他就会积极参与抽奖，配合转发或停留在直播间观看直播。

3.2 克服紧张：做好表情管理

主播在直播中的表现是决定观众能否购买产品的重要原因之一。观众喜欢观看直播的很大一部分原因在于直播能使他们放松精神，他们普遍喜欢观看从容大方、表情自然的主播的直播。很多主播在直播时表情僵硬、动作不协调，无法为观众带来视觉上的享受，进而导致粉丝量增长缓慢、销售额不甚理想。

主播要一个人对着手机屏幕自言自语几个小时，很容易中途懈怠或找不到话题。这时，主播可以放大自己的肢体动作和表情，以缓解自己的疲惫，调动直播间的气氛，逗笑观众。

例如，主播在试穿衣服时，可以通过稍微夸张的语言描述与肢体动作表达自己对这件衣服很满意，并向观众传递"你穿也一定会好看"的信号。适度的夸张能够让观众感受到主播的积极与热情，带给他们一定的感官刺激，从而使其对产品产生好感，促使其购买。

下面介绍三个技巧，让主播的表情、语言、动作更有感染力。

（1）找到最适合的笑容

笑容是主播拉近与观众距离的利器。一些主播本就拥有颜值高、气质佳的优势，如果主播能找到最适合自己的笑容，就可以让自己看起来更赏心悦目，让观众更有好感。

① 露齿笑

露齿笑是比较夸张的表情，如果处理不好，容易让整张脸显得又胖又宽。在露齿笑时，主播可以在嘴角发力的同时，让下巴向下伸展，这样会让脸更上镜。

② 抿嘴笑

露齿笑很有感染力，但不是所有场合都适合。抿嘴微笑适用的场合更多，更能体现一个人的端庄大方。但需要注意的是，如果主播的门牙较大、较宽，则不适合抿嘴笑。

③ 眼神传递

主播对着镜头，要像对面坐着一个人一样，认真专注地看着对方，让观众感觉到话就是对他说的。

（2）培养意识更亲和

人在不经意间容易出现一些不好的表情，这在日常交流中可能没有什么影响。但当主播面对直播镜头时，这些不好的表情会被无限放大，让观众反感，甚至会被截图，成为主播不敬业的证据。因此，主播要注意培养自己的意识，让自己在镜头前更亲和，避免出现冷漠的神态和凶相。

① 眼神

改善无意识时眼神冷漠的方法就是有意识地让眼轮匝肌（见图 3-1）稍用力往上抬，这样会让人看上去温柔很多。

图 3-1　眼轮匝肌

② 嘴角

无意识地嘴角向下会让人看起来不高兴或不可亲近。因此，主播可以练习微笑唇，改变嘴角线条，让身体产生记忆，使自己在直播时保持更放松、更自信的姿态。主播不要刻意用力微笑，这样会显得很僵硬。如果没有时间练习，主播也可以通过彩妆调整嘴角。例如，用阴影修饰出微笑唇。

（3）表情说话更加分

在直播间，主播需要几个小时不停地说话。除了做好上述两种静态的表情管理以外，主播还要注意说话时的动态表情。一个人说话时的表情是其内心想法的折射，仅靠表演是注定不能长久维持好状态的。主播可以通过调整心态，影响自己的表情，从而使表情更自然。

① 心态真诚，眼神也会更轻松和从容

主播可以目视前方，想象镜头前有一双眼睛，盯着这双眼睛，自然地表达自己的想法。

② 让自己处于舒适的状态

着装舒适，环境舒适，穿着自己喜欢的衣服，看着让自己赏心悦目的场景，人会自然而地消除拘束感，说话时的表情也会更自然。例如，主播可以在直播间放一些喜欢的花茶、熏香或字画，以提升整个直播间的气氛。

③ 减少不必要的表情

主播要学会控制，少做无意义的表情，减少负面表情出现的概率。

④ 打造直播好状态

很多主播在直播时想给观众呈现好的感觉，但观众的感觉是一个很模糊的概念，没办法清晰地表达出来。主播给观众营造的感觉是日积月累的。例如，有些主播喜欢在直播间给自己泡一杯茶，拿着一壶茶或一把扇子，整体为观众呈现一个舒适且从容不迫的氛围，然后通过一次次直播的强化，将这种氛围与个人气质进行融合，就会给观众一种好的感觉。

3.3　拒绝冷场：主动寻找话题

有些主播在直播时喜欢照本宣科，台本写什么，自己就说什么，甚至在销售产品时念产品详情页。这样的做法对直播效果会有负面影响。首先，照本宣科，与观众缺乏互动，会出现冷场的情况，即主播自己说自己的，观众自己忙自己的；其次，照本宣科会让观众认为主播对自己讲的内容并不了解，甚至认为主播的业务能力有限，从而导致观众对直播失去兴趣和好感。

如何增加互动话题，避免冷场呢？主播可以利用开放式的问题引导观众参与互动。例如，一个演讲教练可以说："我刚接触直播时，一上播就紧张，会发抖、忘词。讲了很久，也讲得很起劲，但就是没有人下单。你有过这样的经历吗？"

开放式问题可以引发直播间观众思考，让观众发表自己的想法，增强参与感。在直播间热度不高甚至有些冷场时，主播想让观众活跃起来的最好方法就是提出一些开放式问题。

此外，主播还可以利用开放式问题强调产品的特点。例如，当介绍一款零食时，主播可以以该零食独特的口味引导观众互动。主播可以说："这款零食竟然是香菜口味的。我知道有很多观众朋友对香菜的味道不能忍受，但我个人很喜欢吃香菜，所以可以请这部分观众告诉我，你们不喜欢吃香菜的原因吗？"这时观众就会积极地发表自己不喜欢香菜的原因或表达自己对香菜的看法，与主播进行互动。

在冷场时，主播提出的开放式问题能够引导观众参与讨论，快速提升直播间的热度。在直播间热度较高时，主播提出开放式问题也能让更多观众参与讨论，使直播间热度不断攀升。

3.4 娱乐精神：热点事件带来参与度

直播主题与时事热点相结合能够增加主播直播内容的曝光度，

为直播引流。而观众对直播内容的讨论和分享也会提高直播的曝光度，进而吸引更多人观看直播。

"直播＋热点"已经成为主播规划直播内容的重要法宝，其优势主要表现在以下三个方面。

（1）有利于完善产品

将直播主题与时下热点结合的推广方式，会引发观众对产品应用场景的想象，进而转变为对产品的购买需求。在这个过程中，主播可以通过观众的反馈更加清晰地了解他们的需求。这有利于主播在今后的直播中选择更合适、更能吸引观众注意的产品。

（2）有利于培养忠实粉丝

主播与观众讨论热点问题是展示自己三观、表明自己态度的良好时机。在与观众进行多次沟通后，主播在观众心中的形象会更加立体。良好、立体的形象能够提高观众对主播的认可度，进而成为主播的忠实粉丝。

（3）有利于增加流量

增加流量不是单纯靠增加人手、花钱做推广就能实现的。而且，流量的增加不是短时间内能实现的，而是需要长时间的积累与维护。利用当下热点是快速引流的有效方法，能够迅速提升主播的曝光度。

热点来得快，去得也快。主播需要挖掘热点事件本身蕴含的内在道理，借助热点维持自己的直播热度。主播可通过以下三步，利用热点轻松引流。

第一步，主播在利用当下热点进行引流时，要总结热点背后隐藏的干货，并结合自己的观点将干货讲述给观众。

第二步，主播要将热点与直播内容相结合，使其成为直播内容的亮点。主播可以以热点为主题设计直播脚本，也可以寻找直播间的热销产品与热点的关联，达到引流的目的。

第三步，即使热点事件的讨论热潮过去，热点对人们造成的影响也会持续一段时间，主播要充分利用这段后续影响期，开发热点周边事件，实现当下热点的二次引流。

2022 年 7 月 8 日，容声冰箱开了一场沉浸式茶艺直播。该直播以"点茶话鲜，共赴梦华"为主题，以热播剧《梦华录》中的场景为直播场景，向观众讲述我国茶文化的知识。

容声冰箱特邀专业茶艺师五月进行现场茶艺表演及点茶教学。置茶入壶、提壶闻香、高空冲泡，五月展现出的专业、优雅的茶艺功夫，让观众身临其境地感受到我国茶文化的魅力。

除了茶艺表演以外，五月还为观众讲述了茶叶特性、泡茶手法、储茶知识等，让每个观众对茶文化都有了更加全面的认知。

以《梦华录》为噱头，以茶为话题，直播间引出了"特别嘉宾"，即"储茶能手"容声 WILL559 健康冰箱。茶叶是非常注重口感和香气的饮品，其品质与存放环境息息相关。容声 WILL559 健康冰箱可以为茶叶提供一片"纯净"的储存环境，防止异味干扰。

此次直播借助《梦华录》这个热点吸引了很多人关注，容声冰箱不仅为观众普及了茶文化，还推广了自己的产品，受到了观众的广泛好评。

　　虽然利用当下的热点信息规划直播主题会给主播带来很多好处，但是主播也要选择合适的热点信息与自己的直播内容相结合。如果热点与产品的相关度不高，或者主播将二者结合得不恰当，只会让观众认为主播是在蹭热度。这不但不能为主播引来新的流量，还容易使之前的观众脱粉。因此，主播一定要认真分析并选择合适的热点，才能够借助热点为自己引流。

3.5　区别称呼：让观众感受到被关注

　　差异化是设计内容和产品的重要原则。直播间的差异化体现在各个方面，其中区别称呼是非常重要的一点。主播在直播时一定不能用"消费者""观众们"等较冰冷的称呼与观众互动，这样会让观众感觉自己与主播的距离很远，从而产生不信任心理。主播可以使用"亲们""宝宝们""姐妹们""老铁们""家人们"等称呼拉近与观众的距离。具体使用什么称呼，主播可以根据直播的内容和账号定位进行选择。

　　例如，在新观众进入直播间时，理财主播可以对他们说："新来的宝贝点一下直播间右上角的关注按钮，我每天都会为大家讲解一个理财小技巧。"

　　再如，在老观众进入直播间时，主播可以用熟稔的语气和其打招呼："××又来看直播啦！今天的课程干货满满，一定不要走开哦。"

需要注意的是，不同平台的主播对观众的称呼也各不相同。抖音平台的主播更倾向于称呼观众为"宝贝""宝宝"等，淘宝平台的主播更倾向于称呼观众为"家人""小姐姐""亲"等，快手平台的主播更倾向于称呼观众为"老铁"，而视频号中的观众一般来源于社交平台，主播更倾向于直接叫观众的名字。

3.6　即兴提问：让观众更了解自己

主播与观众的有效沟通是十分重要的。为了实现更好的沟通效果，主播在与观众沟通的过程中，可以增加一个即兴回答观众提问的环节。通过这个环节，主播可以拉近和观众的距离，向观众展示自己真实的一面，同时也可以活跃直播间氛围，由此引出其他新话题，缓解冷场。在即兴回答观众提问时，主播需要注意以下几个方面。

（1）提问的时机

与观众互动提问的时机很重要，主播可以让观众先听听音乐，放松一下，随后再进入提问、聊天环节。这样可以给观众一个缓冲、准备的时间，让他们以专注的状态参与互动。如果观众不知道问什么，主播可以先解答平时评论区讨论得最热烈的问题，引导观众逐渐进入状态。为了保持直播间热度，提出最后一个问题后，主播可以不聊完，留一半下次再聊。这样可以吸引一部分观众再来观看直播。

例如，两年前我在抖音上刚开始做直播，讲色彩专题。一开始讲红色的色彩特质和色彩性格，留下性格多样化的问题让观众思考。接着，第二天讲橙色，第三天讲黄色，第四天讲绿色……就这样一个个颜色讲下来，吸引了很多观众追这个话题来看直播。

（2）提问的方向

关于讨论的问题，主播要引导观众朝着与自己直播间的内容定位相关的方向提问，以此强化自己的人设和形象。

例如，我是魅力演讲教练，主要讲线上直播创业，那么我就会把演讲类话题作为提问的方向，让更多人进入直播间，对主播有一个直观的印象。

（3）提问的节奏

虽然即兴提问是一个以观众为主导的环节，但主播也要把控好节奏。

首先，主播要预先收集一些平时评论区讨论最多的问题，对观众的提问形成基本的预判。这样不仅可以使主播能够从容应对观众提问，还可以应对观众问不出问题的情况。

其次，主播不能总是照搬之前准备好的答案，而是要根据直播过程中观众的提问，结合实际交流的情况，对答案做出调整。例如，增加说明时间、跳过一部分内容等。

提问过程的节奏，以提问的水平和深度来做取舍。主播要尽量快速跳过小众的问题，对大部分人感兴趣或有深度、大众都想探索的问题进行更详细的解答。

（4）先回答要点，再回答背景

在即兴回答问题这个环节，观众流动性很大。如果主播不能根据问题的要点进行回答，可能观众就会直接退出直播间了。因此，主播回答观众提问，要先回答要点，再回答背景，在数十秒内将想要说的重点问题说清楚。

在直播互动过程中，即兴提问发挥着重要的作用。观众通过提问可以满足自己对主播的好奇心，从而从情感上更信任主播。同时，主播也能通过积极回答观众的问题获得所需的信息反馈，并进一步拓展话题。问答互动在知识付费领域，尤其能够提升主播的专业水准。

3.7 巧用音乐：发挥感性的力量

人们处在一个场景或氛围中，很容易受感性的影响而作出决策。在直播间里，音乐是调动感性情绪、烘托氛围的利器。音乐既能活跃气氛，控制直播节奏，还可以适当减少主播表达的压力。所以，直播间的音乐选择是一个重要问题。

播放热门歌曲一般比较保险，毕竟这些歌曲的知名度较高，容易开启话题。每场开播之前，主播可以用热门歌曲热场，迎合观众的口味才能留住他们。只有留住人，才能跟他们进行下一步的交流。

音乐的选择也有很多技巧，合适的音乐能够很好地渲染气氛，将观众带入主播制造的氛围中，更认可主播的观点。例如，直播间聊得比较愉快或观众有高兴的事情时，可以选择一些欢快的歌曲；主播想抒情、渲染感动气氛时，可以选择一些节奏较慢的抒情歌曲。

主播在平时要注意及时更新自己的曲库以满足更多观众的喜好。有些观众喜欢的歌曲，主播不一定知道。因此，主播可以收集观众喜欢的歌，在下一次直播时播放，以让观众知道主播是把他们放在心上的。

此外，在一场直播中，最好能变换几种音乐风格，时而欢快，时而抒情，才能牵动观众的情绪，避免他们感到乏味。下面介绍直播各个阶段的音乐选择。

（1）开场音乐

开场音乐的主要作用是调动观众的积极性，以及刺激观众留存。主播可以配合自己的人设和直播的内容来选择音乐。例如，激励型主播可以选择动感一些的音乐，让观众跟自己兴奋起来；情感型主播可以选择抒情歌曲，让观众放松下来，进入容易被打动的状态。

（2）背景音乐

背景音乐贯穿直播始终，起到渲染气氛的作用。但是，主播要注意背景音乐不能喧宾夺主，盖过自己演讲的声音，否则会让直播间的氛围变得嘈杂，让观众产生烦躁的情绪。

（3）感谢礼物的音乐

对于一些黏性较强、愿意互动的观众，主播也需要为他们设计专属音乐。例如，观众送礼物给主播，主播就可以设计播放一段感谢或祝福的话，如"昨天，今天，明天，拼出一个你我的未来"。此外，主播还可以配合直播特效感谢送礼物的观众，让他们得到独家感受。

（4）抽奖音乐

主播在抽奖时需要用音乐烘托紧张的气氛，调动观众的积极性、兴奋感，让他们全部参与到活动中来。例如，我在直播时经常使用《蜜雪冰城主题曲》作为抽奖音乐，让观众能跟着音乐的节奏兴奋起来。

（5）帮助下单的音乐

要想观众基于感性付款下单，就要将观众的情绪推向顶点。我在 2021 年 12 月做跨年演讲时曾经用《萱草花》这首歌成交了 3 万元的课程，许多观众都留言说被这首歌深深地感动了。当时，我的直播主题是"创业梦想"，讲了我创业过程中的辛酸和痛苦，再搭配上《和你一样》这首歌，让许多人想起了自己工作、生活的不易，产生了巨大的共鸣，于是纷纷下单支持。

音乐可以带给人们感动的力量，刺激人们的情绪。语言的表达终究有限，主播要学会用音乐来表达，为自己的语言添加魅力，用感性的力量打动观众。

品牌建设：
用品牌背书提高说服力

　　无论是在生活，还是工作中，只要你想对他人产生一定的影响，你就要拥有一定的说服力。特别是在直播行业中，主播对观众产生影响力主要是通过语言说服实现的。主播对观众传达信息与价值观的过程，实际上就是说服力发挥作用的过程。强大的说服力不仅会让主播在直播中拥有更多底气，也会提升主播的自信，是一件受益终生的事情。同时，说服力的提升也有助于观众认可主播的实力。

　　在注重品牌的新消费时代，大多数人会认为拥有驰名商标的企业实力都很雄厚，也会觉得明星代言的产品质量应该不会差、央视报道过的企业都值得信赖。这些想法都体现了品牌背书的积极作用。

　　其实，背书是双向的。主播在用自己的权威性和影响力为产品背书的同时，生产该产品的企业也在为主播的选品质量进行背书。那么，主播如何才能借助品牌背书提高说服力呢？本章就来解决这个问题。

4.1 差异化定位：塑造自己的独特人设

在直播领域，各大主播竞争的是流量资源。因此，为了吸引更多观众关注，主播需要进行差异化定位，即通过建立一个好人设打造直播特色。有了人设，当观众聊起主播时，他们脑海里会浮现一个清晰的人物画像，或者当他们在讲某件事情、遇到某个困难时，也会立刻想到主播就是那个解决问题的最佳人选。

有人设的主播会更容易获得观众的信任，也会让观众产生更深刻的记忆。主播可以尝试思考四个问题：我是谁？我需要什么？我能做什么？我有什么区别于别人的地方？根据这四个问题打造与众不同的人设，主播才能在观众心中占据一席之地。例如，我是一名从业八年的演讲培训老师；我需要教大家演讲技巧；我能够做思维培训；我区别于他人的地方就在于我敢爱敢恨，个性鲜明、霸气。

东方臻选的主播董宇辉有着很高的热度，他的人设是朴实、知识丰富、淡泊名利、思路清晰、言辞犀利、大胆敢言等特点的集合，多年的教师从业经历更是让他练就了很好的口才和表达力。但有些主播可能是普通的上班族或宝妈，他们的综合实力也许没有那么强，那么他们应该如何打造自己的人设呢？

打造人设的目的是成为直播界的唯一。主播可以思考自己在职业、外表、性格、擅长领域等方面与其他主播有什么不同。例如，是否特别有耐心、在服装搭配上是否有特别的心得体会、是否有独特的美妆技巧等。

此外，主播还需要把握以下七个打造人设的原则。

（1）体现专业性

主播在打造人设时，了解自己在哪个领域能够建立优势是非常重要的。如果主播的直播是以自己擅长的领域为基础，那么就可以充分体现主播的专业性。

郑炳是掌成好课的合伙人之一，也是比较有名的专业考研培训师。他十分注重考研知识的专业性。为了更准确地为学生讲解考研知识，他认真搜集了多家研究生院校的专业信息，包括招生简章及历年的录取情况等，以便不断丰富自己的直播内容。同时，他也会为学生讲解很多生动、鲜活的案例。这些都是他比其他考研培训师更有优势的地方，也是他打造人设的切入点。

在视频号上，很多打造个人品牌的老师都开始逐步建立自己的专业细分领域的辨识度。例如，擅长写文案的，就定位文案个人品牌老师；擅长制作短视频的，就定位短视频个人品牌导师。

（2）大胆挖掘，重复深化

人设不是凭空想象出来的，主播应该从自身特点出发，根据自身特点打造人设。例如，在语言方面，主播可以设计适合自己的口头禅，并让这个口头禅成为自己的标签；在动作方面，夸张的表情和动作更能吸引观众的目光；在技能方面，主播要熟知直播流程、产品特征及卖点、相关优惠活动的参与方法及活动规则等。

主播需要投入大量时间挖掘自己的特点，并选择让观众印象最深刻的特点进行重复展示，以不断强化观众对自己的记忆，加深观众对自己人设的认知，从而拥有自己的辨识度。

（3）找到闪光点

任何人身上都有闪光点，主播要做的就是不断强化自己身上的闪光点，并让更多观众看到。

另外需要注意的是主播越真诚，就越能赢得观众的信任。因为不管主播怎么做，都会有人喜欢或不喜欢。而随着粉丝的增加，按照同等比例计算，不喜欢主播的人数肯定也会增加。但是，主播要坚持做真实的自己。因为真实才是最能收获粉丝的核心法则，把自己的优点最大化，把优势展现得淋漓尽致，才能吸引粉丝关注。

（4）少等于多

主播身上可能有很多优势，但如果主播将多个优势作为打造人设的亮点，反而难以吸引观众的目光。只有全力展现自己最突出的优势，主播才能更好地在观众心中留下深刻印象。因此，主播最需要关注的是自己最突出的优势，并根据这个优势确定人设和直播风格，使自己能够吸引更多观众。

个人优势就是要聚焦一个技能，如果告诉别人你是文案导师，那么你就要做到别人需要写文案就会想起你。不要什么都会，结果什么都不精。

我在刚开始摸索线上创业做直播时尝试了很多主题，如形象设计、女性成长、魅力演讲、色彩能量、时间管理等。每一类课程都会有人喜欢，但谈起"泇冰是做什么的"就比较模糊。直到

2021 年，我将自己的定位聚焦在教好"魅力演讲"，我的直播和产品就都有了巨大的市场增长空间，课程价值翻了 100 倍。

（5）长期坚持

主播一旦确定了人设，就不能随意更改。因为只有长久地保持同一种人设，才能让观众对这个人设产生深刻的记忆。为了长期坚持人设，主播在进行每一次直播内容规划时，都要考虑直播内容是否与人设相符。持续输出与人设一致的直播内容，可以逐渐强化观众对主播的印象，使主播与观众之间的关系更牢固。

当然，长期坚持并不是要求主播的每一次直播都必须完全符合人设。主播适时推出一些惊喜活动，既能够增加直播的新意，也能拉近自己与观众的距离。

值得注意的是主播在设计主题时，如果是重要的大直播、长直播，要发售重要的产品，最好是根据自己的人设定位相关主题，这样可以加大品牌权重。如果是平时日常直播，主播就可以讲周边的主题。

例如，2022 年 7 月 30 日，我策划了一场 12 小时直播，题目就是"万人魅力演讲峰会"，与演讲相关。而我平时日常就会讲创业、个人品牌、团队、情商、社群、学习成长等很多线上创业的周边话题。

（6）了解观众的需求

主播在结合自身特点和优势打造人设的同时，还要充分考虑观众的需求。如果主播选择的人设与观众的偏好相差甚远，那么这个人设可能就是无效的。

家庭主妇、职场新人、二胎宝妈、创业老板、退休老人等不同的观众对直播的关注点不同，他们心中最柔软的地方也不同。例如，被重视、被关怀、被尊重、被理解是很多二胎宝妈的需求，如果主播的目标群体是二胎宝妈，那么"知心大姐姐"或"知心大哥哥"就是适合主播的人设。

（7）用数据说明

很多主播会用名校毕业或曾经为知名企业服务过作为自己的优势和背书，但没有这些经历的普通人如何说明自己的优势呢？

我们可以用数据体现自己的优势。例如，我做课程培训，就会这样描述自己："我从事培训工作 8 年，讲过 300 场线下课。""8年"和"300 场"，这些数据能很清楚地体现我的从业经验，以及我在行业内广受认可。

再如，我想说明我的课很好，就可以这样说："跟我学完文案，我 80% 的学员都已经 10 倍变现回来了，还有接近 15% 的学员能够变现 100 倍回来。"这些数据可以很直观地让观众感觉主播很强大，确实在自己的领域深耕过，有从业经验，产品有实实在在的效果。

主播要围绕外表、性格、专业性、优势等方面不断地思考，在其中找到自己和他人形成差异的方面，明确自己的定位。如果主播的定位足够精准且具有差异性，那么人设就会更鲜明，主播本人也会更有吸引力。

4.2　七三法则：七分口碑，三分转化

在互联网时代，微信、微博、小红书、抖音、快手等平台的广泛应用让每个人都可以成为自媒体。自媒体是重要的信息传播途径，其自带的指数级传播效应为主播的自我营销提供了便利。主播可以在降低传播成本的同时，大幅提高传播效率。

主播是公众人物，意味着主播需要为自己在镜头前的每一个行为负责。如果主播在直播时言行不当，或者直播间的产品被曝出存在质量问题，那么与之相关的直播事故将很快在各社交平台传播。

起初可能只有一个观众发现了主播的错误，但当他将错误发到平台上后，就会有无数网友知道主播的错误。此举将直接影响直播间的人气及主播本人的口碑。观众可能不会再信任主播，自然也不会对主播输出的内容和推荐的产品有好感。

为了避免出现上述问题，主播可以从以下三个方面出发，不断提升自己的口碑，争取将自己打造成观众心中的良心主播。

（1）产品是直播的基础

无论主播的直播内容是讲课，还是带货，都要保证内容和产品质量，以此树立口碑，打造良好的形象。在直播中，主播可以展现产品获得的权威认证，或者相关专家、品牌代言人对产品的推荐，从而增强观众对产品的信任。例如，讲课主播可以告知观众，自己的课程是与业内专家一起设计的，或者知名企业家也认可课程。

如果没有这些背景，主播也可以说自己的专业背景。例如，自己是某知名机构的认证讲师或教练等。

（2）诚信是主播人格魅力的推手

所有主播都要讲诚信。如果主播在直播预告中介绍直播间将会有哪些福利活动，那么在直播时就必须举办这些活动。主播不能为了吸引关注进行虚假宣传，而是应该落实活动的每个细节，确保观众能真正享受到优惠。

需要注意的是，主播在直播过程中，除了要讲明产品的优点以外，还需要坦诚地讲明产品存在的缺点。任何产品都不是完美的，相比隐瞒产品的缺点，坦诚地讲明产品的不足之处更容易树立良好的口碑。

一些主播在介绍产品时只是一味地介绍产品的优势，对产品的不足之处则绝口不提。这样的自卖自夸只会让观众对产品产生质疑。如果主播在说明优点的同时也讲明产品的缺点，就会让观众感觉到真实与诚意，进而信任主播及其产品。

任何商业的终极赢家都是诚实守信的人，直播也不例外。只有真诚、讲诚信，主播才会有长期追随的粉丝和长久可做的生意。

（3）做认证是打造优质口碑的重要环节

微博、抖音、视频号等直播平台都有认证功能。以视频号"沏冰魅力演说教练"为例，如图4-1所示，其名字下面有个金色对勾，旁边有一行字：教育博主。有些主播以为这是简介的一部分，其实这是视频号的官方认证，是账号的一个重要组成部分，可以体现主播的权威性。要得到视频号的官方认证，主播需要提出申请，并在通过审核后才可以得到认证标识。

图 4-1　"洳冰魅力演说教练"视频号认证

目前，视频号认证分为两类：一类是企业认证，另一类是个人认证。

企业认证是面向企业的，必须有工商营业执照才可以申请，相对比较正式。而且，获得企业认证的视频号需要围绕企业来输出内容和做直播。

如果主播没有工商营业执照或不想申请企业认证，那么可以申请个人认证。获得个人认证的主播可以灵活、多样地输出内容，在做直播时也不会受到很多限制。

个人认证又分为职业认证和兴趣认证。职业认证通常是面向专业人士开放的，如医生、教师、艺人、作家、运动员等；兴趣认证在申请资质上没有要求，但有粉丝量的要求，即必须有 1000 个有效粉丝才可以申请。

如果视频号没有通过认证，那就会影响主播的口碑。而且，主播也不能在视频号首页展示自己的微信，更不能在直播间展示微信。这严重限制了引流渠道和引流效率。因此，主播需要尽快做认证，让观众感受到自己的权威性。

主播通过打造口碑吸引观众进入主播间，然后将观众变成粉丝，最后将其转化为生产力，并通过反复触达促成多次复购。总之，主播需要让自己在观众心中有良好的口碑，这样才可以提升转化率，使观众的价值实现最大化。

4.3　KOL+KOC：双管齐下，优化直播效果

社会发展日新月异，在人们还没明白 KOC 的概念时，KOL 已经在悄无声息地走进了人们的视野。KOL 即关键意见领袖，他们相对于 KOC，对产品信息有更深入的了解。而且，他们的意见往往也会在一定程度上影响观众下单的意愿。

KOL 是各自领域的专家，能够对有购买想法的群体产生较大的影响，从而进一步优化直播效果。其实，KOL 已经在各大媒体平台上刷屏，如微博大 V、抖音网络红人、淘宝头部主播、B 站百大 UP 主、小红书百万粉丝博主等。他们对大众的消费行为进行了不同程度的引导，可以影响大众的消费决策。

KOC 即关键意见消费者，他们更像是处在成长过程中的 KOL，只不过因为粉丝较少，无法对很多人进行消费引导。但粉丝少也并

非全是坏处，由于 KOC 的圈子更垂直、更细分，人们对其的接受度与喜爱度也更高。同时，KOC 也是关键消费意见给予者。

在直播领域，KOC 其实更常见。例如，直播间中的"房管"、社群中的粉丝管理员、团队中的代理商等都属于 KOC 的范围。而 KOC 之所以在直播领域占据了重要地位，主要出于以下两方面的原因。

其一，KOC 可以创设观众对产品的信任情境。在直播间中，KOC 的本质还是观众，他们与其他观众一样。而共同的身份最容易创设信任情境。例如，视频号主播"兰姐早餐食光"曾推荐过一款高端合金筷子礼盒，兰姐在直播时介绍道："这款筷子采用玻璃纤维高分子材料，韧性好、耐高温、不发霉，而且十分防滑，即使老年人也可以用得很稳。"

但是，仍有观众表示这款筷子的价格有些贵。此时，兰姐直播间的"房管"出来表示，他之前就听了兰姐的推荐买了这款合金筷子，使用体验与普通筷子大不相同，而且这款筷子的使用寿命长，性价比很高。

得到这样的反馈后，很多观众都下单购买了这款合金筷子礼盒。因为他们认为"房管"也是观众中的一员，他没有必要为了帮助兰姐卖筷子而夸大其辞，所以也会更信任这位"房管"的话。

其二，KOC 可以打造观众与主播的对话情境。KOC 在直播中或在社群中发表的评论通常会很快引起主播的重视。因为 KOC 相当于观众的代言人，他的感受一定是大部分观众的共同感受。

此外，KOC 的评论也会引发直播间的观众针对某个话题展开讨论，甚至在一定程度上引导观众的言论方向。通过 KOC 的评论和观众的讨论，主播可以清楚地了解到观众的真实感受和硬性需求，从而优化自己的形象和口碑，与观众建立更紧密的连接。

综合地看，KOL 与 KOC 的不同主要体现在以下几个方面。

（1）受众不同

KOL 一般是某行业的专家，他们会在直播时用十分专业、客观的语言向观众输出内容，为观众提供相关建议。而 KOC 则不同，他们与普通观众没有多大的区别，分享的内容是带有主观性的亲身使用体验，直播也更接地气。

（2）内容不同

KOL 通常有自己的专业团队，包括文案策划师、摄影师、营销人员等。因此，他们在直播过程中输出的内容往往质量很高，会给观众一种舒适的观看体验。KOC 则需要完成写文案、拍视频、选品等工作。虽然他们产出的内容可能质量一般，但充满人文色彩的关怀，观众视角更多，自己也是产品的体验者，忠实用户，更贴合观众的日常生活和工作。

（3）流量不同

KOL 掌握着公域流量池，观众来源广泛且复杂，通常很难及时地对观众的问题进行回复，甚至会给观众一种"高高在上"的距离感。以人与人之间的信任为基础的 KOC 则以私域流量为主攻点，致力于建立小范围的人际关系，能够更深入地与观众进行互动。与 KOL 相比，KOC 的粉丝黏性更高。

KOL 与 KOC 各有长处，二者融合可以打破营销界限，将直播的各个环节连接在一起，为直播间吸引更多流量。当粉丝数量较少时，主播需要作为 KOC 为观众提供有建设性的意见，以及更优惠的产品；当主播成为 KOL 后，则需要聘请专业团队进一步优化文案策划、直播内容设计等工作。

现在 KOL 与 KOC 逐渐融合，主播也会根据自身情况巧妙地转化身份。于是，"KOL+KOC"模式应运而生。

例如，我们作为观众，想在直播间购买一个扫地机器人。那么，在购买前我们肯定会在很多平台上搜索此类产品。我们会看到很多 KOL 对此类产品的评价，这些评价可能有好有坏。我们参考了多方意见，决定选择小米公司的扫地机器人。此时，我们可能不会从为我们推荐产品的 KOL 那里购买产品，因为他们给出的价格不够理想。出于追求优惠的原因，我们可能会在熟悉的 KOC 的直播间购买扫地机器人。

以上便是"KOL+KOC"模式的运作逻辑，即主播先作为 KOL 为观众提供专业的产品介绍与使用体验分享，接着再作为 KOC 提供更主观的购买意见，并在直播间以更优惠的价格销售产品。这样二者双管齐下，可以让主播享受公域和私域两方面的流量红利，优化直播效果，进一步提升直播间的人气，促进产品销售。

4.4　双向背书：企业品牌为主，个人品牌为辅

有些主播经营并管理一家甚至多家企业，他们身上往往肩负

着两类品牌：企业品牌、个人品牌。为了吸引观众，让直播效果更好，他们可以将个人品牌与企业品牌绑定在一起，实施"企业品牌为主，个人品牌为辅"的策略。

此类策略非常适合创业者、企业家使用，如雷军、俞敏洪等。以俞敏洪为例，他带领新东方的教师们开创了东方臻选品牌，找到了直播的新形式，即一边带货，一边教授英语知识，让观众获得物质与精神的双丰收。

很多观众是因为俞敏洪才知道东方臻选，并进入直播间购买产品。可以说，俞敏洪的个人品牌让东方臻选取得了阶段性成功。但他没有将东方臻选打造成个人品牌，而是推出董宇辉、顿顿、明明、YOYO 等主播，让东方臻选作为一个企业品牌而存在。此后，他的个人品牌则成为东方臻选背后的强大助力。

除了新东方与俞敏洪，另一个典型案例是罗振宇与他的"得到"App。

罗振宇原是央视的栏目制片人和主持人，自身专业能力过硬，为后来的自媒体工作打下了扎实的基础。2012 年，罗振宇打造了一款知识脱口秀节目《罗辑思维》。罗振宇以其风趣幽默却又言辞犀利的反差特点火爆网络，逐渐打造了自己的个人品牌，他决定乘胜追击，推出了自己的直播演讲节目。

2021 年，罗振宇的跨年直播演讲主题为"长大以后"。

2022 年，罗振宇的跨年直播演讲主题为"原来，还能这么干"。

除了跨年直播演讲，罗振宇在日常的直播演讲中也是金句频出。

"有的人生活在晚上 10 点，因为他留在昨天；有的人生活在凌晨 2 点，他必将迎接未来。同样是伸手不见五指，但这就是区别。"

"当侏罗纪快要结束的时候，恐龙必死。在侏罗纪一个地质时期当中，恐龙是何等的强大。但是，它们拖着沉重的肉身、笨重的思想，它们穿越不出这个地质季节。"

一时之间，罗振宇的金句火爆网络。他创办的"得到"App 受到了大量关注，除了罗振宇之外，武志红、吴军、何帆等知名学者都在"得到"App 进行线上授课，受到了广泛好评。"得到"App 还曾登上 App store 知识付费类年度趋势榜单。得益于罗振宇的个人影响力，"得到"App 也成了知识付费领域的知名企业品牌。

打造企业品牌和个人品牌，使二者实现双向背书，需要一个漫长的积累过程。在这个过程中，主播需要重视以下五个关键点。

第一，提高企业的知名度，坚持自身特色，不断创造热点话题，加强宣传。

第二，以完善美誉度与可信度为主要关注点，脚踏实地地提高产品质量与服务水平，真心实意地向观众输出有价值的内容，进一步夯实直播基础。

第三，对于企业品牌和个人品牌来说，忠诚度都是非常重要的。主播要以提升观众的忠诚度为目标，促进直播间持续发展。

第四，个人品牌与企业品牌的价值观、风格、定位要保持一致，而不能相悖。

第五，以真诚的态度对待观众，在企业品牌和个人品牌中注入情感。

雷军凭借企业品牌和个人品牌的双向背书，在直播时创下纪录，带货金额高达上亿元。他的直播会让观众有一种亲切的感觉，观众会不自觉地把他当成长者、朋友、老师。因此，很多观众受到他个人魅力的吸引，成为小米手机的忠实用户。

综上所述，企业品牌与个人品牌相互促进、融合，并且可以共同发展，实现双向背书。如果只强调企业品牌的作用，则会令企业少了一丝人情味，无法拉近主播与观众之间的距离。而如果过于强调个人品牌，则可能对企业品牌产生反噬。至于如何维持二者之间的平衡，主播则需要在实践中不断摸索和调整。

4.5　心贴心：多渠道提高直播曝光度

10万以上人次场观的直播间的价值，等同于10万以上人次阅读量的微信公众号爆文的价值。曾经很多自媒体从业者都以能写出10万以上人次阅读量的爆文为目标，而现在让直播间达到10万以上人次的场观也成为各大主播每天期待达成的目标。

现在观众打开视频号、抖音等直播平台，就能发现很多10万以上人次场观的直播间，如面部逆龄瑜伽教学的直播间、教观众做家常菜的直播间等。这些直播间之所以有这么高的场观，一个很重要的原因是它们提前入驻了多个渠道，想方设法提高曝光度，激起观众内心深处的认知。

那么，哪些渠道可以帮助主播提高曝光度呢？

（1）企业 / 机构官网

企业 / 机构官网是观众了解直播间所销售产品的最佳途径，许多观众在购买某产品前都会到官网对该产品进行了解。官网拥有新闻发布、口碑营销、产品展示等功能，是企业 / 机构面向社会的重要窗口。因此，主播和企业 / 机构合作推销产品时，可以利用官网宣传直播。

有些观众可能并不关注直播，但会通过官网关注自己心仪的企业 / 机构。主播通过官网宣传直播，能够吸引这些观众前来观看直播。例如，某主播与某机构达成合作，以首席体验官的身份推荐该机构的人力资源管理课程。

在直播前，为了吸引更多观众观看直播，该主播在该机构的官网上发布了直播预告。以前不关注直播，但关注人力资源管理课程的 HR 通过官网上的直播预告了解到直播信息，在直播当天纷纷进入主播的直播间购买课程。也就是说，这位主播通过在官网上发布直播预告的方式为直播间带来了更多流量。

观众进入企业 / 机构的官网，就意味着对其产品产生了需求。虽然官网自带下单功能，但产品的价格往往没有优势。而主播与企业 / 机构合作，对方会给予主播一定的优惠，主播也可以用相对优惠的价格吸引观众下单。

对于追求实惠的观众而言，当他们进入官网准备下单时，如果能够看到主播的直播预告，那么他们一定愿意去主播的直播间以更优惠的价格购买产品。

同时，有些观众可能会因为直播间的产品价格低于官网的产品价格而对主播推荐的产品产生怀疑。如果主播将直播预告发布在官网上，那就表明了主播与企业／机构合作的真实性，从而打消观众的疑虑。

主播通过官网宣传直播，不仅能够吸引更多观众关注自己的直播，还能够借助官网证明自己所销售产品的真实性，赢得观众的信任。总之，主播在与企业／机构合作时，一定要充分利用官网这个渠道做好直播预热工作。

（2）电商平台

很多主播在介绍完产品后会放上电商平台的产品链接，让观众能够通过电商平台下单。在带货过程中，电商平台是连接主播和观众的重要渠道。因此，主播可以通过电商平台宣传直播。

以视频号为例，主播通过视频号宣传直播的优势是十分明显的。视频号背靠微信，拥有广泛的用户群体，主播要想进一步扩大直播的传播范围，一定不能忽视这个平台。

首先，观众可以通过微信的视频号入口进入视频号推荐页，随机进入算法推荐的直播间，也可以直接选择进入自己关注的主播的直播间，还可以通过主播发布的直播预约页面进行预约。总而言之，视频号对于观众来说是一个十分方便的直播平台。

进入直播间后，直播间右下角便有一个产品橱窗的标志。如果观众对主播介绍的产品感兴趣，就可以直接点击产品橱窗的标志进行购买。

其次，对于知识付费类主播来说，视频号也给出了实际的支持。近来，视频号打通了和小鹅通的后台连接。小鹅通是提供知识产品与用户服务的平台，有直播、培训等多种课程产品。知识付费类主播可以将自己的课程加入其中，观众只要在直播间购买了课程，就可以在小鹅通后台直接观看。无论是对于主播打造私域流量池，还是对于观众的购买、使用体验，这一改进都产生了很大的效果提升。

视频号的用户优势、直播激励机制等都会为直播预热提供支持，主播一定要重视视频号等直播平台的作用，借助它们的力量做好直播宣传。

（3）社交平台

随着移动互联网的快速发展，人们的社交也呈现线上化趋势，越来越多的人都在闲暇时间在各种社交平台上维持人际关系。主播要抓住这个趋势，多在社交平台上对直播进行宣传，包括发售产品前的预热。

① 通过微信宣传直播

主播可以在微信上通过多种方式发布直播预告。例如，主播可以通过朋友圈推送直播预告，宣传海报，并设置转发福利："转发朋友圈，免费获得一份电子书。"这样可以通过朋友圈的多次转发对直播实现大范围的宣传。

另外，主播也可以通过微信公众号发布直播预告。例如，现在的微信公众号已经与视频号实现互通，主播在发起直播预告后可以将直播预约卡片展示在自己的微信公众号上，观众在浏览微信公众号时就可以直接点击预约按钮预约直播，如图 4-2 所示。

图 4-2　视频号的直播预约二维码界面

② 邀请大 V 宣传直播

某明星曾经在微博上晒出一张与邮筒合影的照片。照片发出后，细心的粉丝发现这个邮筒位于上海某街头。于是，在此后一段时间，这个邮筒旁边排起了长队，很多人都拍摄了自己与该邮筒的合照。这就是名人的影响力。

同理，主播可以邀请有知名度的大 V 为自己的直播做宣传，借助其影响力使自己的直播间获得更多关注。但需要注意的是，不同的大 V 有不同的定位，主播一定要分析其定位是否与自己的直播风格及直播间产品的属性一致。只有与合适的大 V 合作，直播宣传才会取得更好的效果。

③ 社群运营实现粉丝二次裂变

社群运营是打造完整运营闭环必不可少的重要环节。例如，我在社群中发起过粉丝邀请竞赛，发动社群成员一起进行粉丝裂变，在邀约竞赛中提供限量版礼品（见图 4-3），提高粉丝的参与程度。

图 4-3　粉丝邀请竞赛活动

④ 提前做短视频宣传

◆ 邀请学员送祝福，提前预祝直播顺利。来自全球各地的学员的祝福视频非常有势能。

◆ 录制短视频亲自介绍直播的主要内容和观看直播的好处，

　　干货满满，福利多多。

◆ 发布相关的宣传资料短视频，引起观众的好奇和期待。

　　⑤ 提前连麦准备

　　在视频号直播，主播可以提前一周进行连麦预热。连麦嘉宾与主播的粉丝能够互相引流，非常容易"破圈"。同时，相互连麦，对于提升直播间的热度也很有效果。

4.6　IP 打造：主播如何为自己代言

　　在流量时代，各主播之间的竞争十分激烈。稍有不慎，主播就可能错过最佳机会，被对手超越，甚至打败。为了在竞争中抢占先机，主播应该打造 IP，为观众提供极致的观看体验，并在无形中与观众建立强大的信任关系。

　　IP 能够为主播吸引更多流量，提高主播的变现能力，同时也可以进一步增强观众的黏性。

　　例如，我是一名魅力演讲教练，有八年的线下授课经验，拥有扎实的演讲技能，目前在线上开发自己的课程，主要有演说系列和线上创业系列。

　　在个人品牌崛起的时代，把演讲技能融入创业能力中，能够帮助很多创业者找到创业的方向。讲好产品，让产品拥有更强的变现能力。通过这些内容的输出，我建立了自己的专业口碑。同时，通过完成流量产品的打造，以及信任产品和利润产品的闭环设计，我完成了流量的积累，帮助许多创业者不断明确自我定位，找到适合自己的演说风格和正确的线上产品设计方向。

如果想像我一样打造优质 IP，除了自身的专业能力以外，主播还要重视以下三项技能。

（1）输出优质内容

对于主播而言，物美价廉的产品、精心设计的直播脚本都是优质内容的体现。在直播过程中，这些内容有非常重要的作用。无论主播的事业发展到哪个阶段，输出优质内容都是主播打造 IP、确保自己能够稳定发展的必要条件。总之，只要内容能够持续吸引观众，主播就有机会向超级 IP 进化。

最好用系列、连续、关联的方式，让观众愿意追随直播内容。例如，我最早在抖音上讲色彩课程，先讲了红色、橙色、黄色，很多人进来就很好奇，那绿色呢？蓝色呢？在听到紫色这个色彩之后，有新进入直播间的观众就会问："红色呢？"就这样，我连续两个月都在循环播放色彩主题。色彩这个主题吸引了很多人的注意，他们也愿意追随下去。

（2）稳固品牌烙印

如果持续输出优质内容是打造 IP 的重要前提，那么稳固品牌烙印就是打造 IP 的必要手段。只有让品牌烙印深深地刻在观众心中，主播才有机会成为令人瞩目的超级主播。

例如，papi 酱从最初的搞笑博主成长为如今横跨各大平台的超级 IP 红人。虽然促使她成功的因素有很多，但有一个不能够忽略的因素就是她在运营品牌的过程中一直在强化品牌烙印。papi 酱先将自己打造成个人品牌，然后反复打磨个人品牌，最终使个人品牌深入人心。现在观众只要一听到"一个集美貌与才华于一身的女子"这句话，就会立刻想到 papi 酱。这就是个人品牌的强大力量。

在直播过程中，主播需要向观众提供记忆锚点。例如，"今年过节不收礼，收礼只收脑白金"这句家喻户晓的广告语便是一种记忆锚点，其能够让听到的人立刻想到脑白金这个产品。记忆锚点不一定要数量多，也不拘泥于形式，但一定要足够深刻。记忆锚点可以是一句响亮的口号、一个鲜明的标志，也可以是主播的独特人设。总之，记忆锚点要能够让观众时常想起主播及其直播间。

记忆锚点也就是每个主播都需要有自己的超级口号。例如，我在线下课会展示很多平时直播用的口号，学员会有很强的共情时刻，如图 4-4 所示。

图 4-4　直播间口号

（3）完善运营模式

在直播步入正轨后，主播需要总结可复制的运营经验，形成一个标准化的模式，并确保每个环节可以正常运转，形成良性循环。这种良性循环就像工厂的车间流水线，倘若某个环节出现差错，那么一定会出现不可估量的损失。同理，在直播过程中，如果哪个环节出现了问题，就有可能导致直播事故，甚至有可能导致主播以往的努力功亏一篑，无法在直播行业立足。这就需要主播亲身了解并参与直播的每个环节，优化不合理之处。

以视频号为例，视频号的运营模式如图 4-5 所示。

图 4-5　视频号的运营模式

对于主播来说，无意间进入自己直播间的观众都是陌生的公域流量。这些陌生的流量可能很快离开直播间，也可能被主播的直播内容吸引而留下来。这时就到了运营模式的第二个环节：主播能否通过自己的表达力和说服力让陌生流量留存下来。一般而言，直播留存流量的方法主要是降低入门门槛。例如，19.9 元的课程是绝大部分人都能够承受的，主播可以通过低价格让观众尝试课程，从而对其产生兴趣。

一旦有陌生流量留存下来，主播就要抓紧进入第三个阶段，即引导观众进入自己的社群，并通过社群的运营实现对观众的赋能。成功赋能之后，观众对主播和课程的满意度自然会提升。此时就是进行粉丝二次裂变的最好时机。观众愿意帮主播做裂变推广，主播也要给他们一定的激励与回报。

这样一套流程下来，主播就已经打通了运营模式的各环节，形成了一套完整的流量闭环。这对于打造私域流量池来说至关重要。

总之，打造个人 IP 不是一件容易的事情。只有拥有好的产品设计能力、扎实的演讲功底，坚持输出有优势的内容，稳固品牌烙印，完善粉丝留存转化机制，再逐步形成粉丝自运转裂变，最后形成个人风格，才能让观众爱上主播，爱上直播间的产品。

建立信任：
主播为何频频遭遇信任危机

诚信是为人之本。对于主播而言，与观众建立信任是做好直播的基础。本章对建立信任的相关问题进行探讨与分析，为主播提供切实可行的方法和技巧。

5.1 质量把控：不要在直播时被当成骗子

许多主播在直播时可能遇到过这样的问题：观众认为主播销售的产品不靠谱，甚至会把主播当成骗子。不可否认的是，观众普遍更愿意相信拥有百万粉丝的主播，认为他们有一定的公信力，不会销售质量不过关的产品。这种情况在抖音尤为明显，因为抖音是以流量为基础信任的直播平台。

产品是主播进行直播的内容，也是主播与观众建立信任的媒介。因此，主播要格外重视产品的质量。主播销售的产品质量高，不仅可以提升主播的口碑，还会进一步巩固主播的个人品牌。如果主播销售的产品出现了问题，那么观众必然会对主播大失所望，主播的形象也会受到打击，从而出现大量粉丝"脱粉"的现象。

晶晶经营着一家化妆品店，每天都通过直播的方式销售产品。经过两年多的经营，晶晶的化妆品店已经有了 20 多万粉丝，晶晶也在粉丝心中建立了"晶晶推荐，质量看得见"的标签。粉丝对晶晶十分信任，会积极观看她的每场直播。

然而，就在 2022 年 7 月，晶晶的化妆品店发生了意外。在某次直播中，晶晶向粉丝推荐了新上市的一款粉底液，并讲明其特点是不脱妆。经过晶晶的热情推荐，许多观众纷纷下单购买了该款粉底液。但是，很多购买了该款粉底液的观众在使用时却发现其效果并不好，而且经常会出现脱妆的现象。这和晶晶在直播时讲的"不脱妆"大相径庭。于是，很多观众选择在直播间发差评，甚至表示再也不会买晶晶推荐的产品了。

在得知这些情况后，晶晶立刻对购买该款粉底液的观众进行了退款处理，并将处理结果及道歉声明发布在微信、微博、小红书等平台上。同时，晶晶还专门开了一次直播，向观众致歉，表示她除了会对观众进行补偿以外，也会及时下架这款粉底液。虽然她及时对这件事情进行了处理，但这件事情还是对她的声誉造成了很大的影响，她的直播间也因此减少了很多观众。

对于主播而言，保证产品的质量是一切销售活动的基础。如果主播难以保证产品的质量，那么其个人品牌也就没有生根发芽的土壤，直播效果也就无从谈起了。瑜伽老师心海在直播时就非常注重产品的质量，会认真地为学员传授知识。

心海是视频号"心海觉能量瑜伽"的创作者。在进入视频号直播之前，她已经有 11 年的私密疗愈经验，同时也是国家二级心理咨询师。她看到了很多主播的成功案例，于是也进入了直播赛道。

用心教学是心海的一个关键标签。她在直播间发起了一个 21 天身体训练计划，每天早上带领学员做瑜伽，进行身体训练，将瑜伽的技巧和方法一步步地传授给学员，而且还很注意与学员互动。如果学员有不懂的问题，她都会很有耐心地反复解答。因此，学员十分愿意观看她的直播。

有越来越多的学员在打卡过程中感受到了自己身体的变化，不仅皮肤变好了，身材变得更健康了，而且没有经过刻意的节食、忌口，只是简单地调整了呼吸的方式，整个人的精神面貌都焕然一新了。于是，很多人都主动问心海有没有更高阶的课程。所以，心海的课程单价逐渐从 199 元延展到了 999 元，她甚至还开办了定价 2 万多元的瑜伽导师班。因为很多学员都主动问心海可不可以和她学习怎么教更多的人把身体锻炼好，所以心海的导师班一经推出，就有很多学员主动下单。

通过 21 天的打卡训练建立信任，越来越多的人成为导师班的一员，心海的项目由自己一个导师运营变成了多个导师运营。这就是一个完整的商业闭环，实现了更大的裂变。

这主要得益于心海的课程货真价实，并不是空有名头。经过 21 天的打卡，学员确实有了很大的收获，这才为后续的课程销售打下了基础。如果课程没有效果，即使打卡 21 天，学员也不会购买。

主播要想让观众信任自己，必须对自己的产品质量严格把关。在正式直播前，主播要通过试用、测试等方式切实地感受产品的质量，或者让观众亲身感受到课程的实用性。久而久之，观众就会看到主播的诚意，并愿意主动购买产品。

此外，主播还可以与知名度较高、信誉有保障的供应商合作，让观众可以对产品的质量少一些质疑。但是，主播需要保证销售的产品为正品，否则会为自己带来很大的麻烦，如直接失去观众的信任、直播间被封等。

5.2 专业讲解：用专业的介绍让观众信服

在大多数情况下，观众可能只知道自己需要购买什么产品，而并不太了解与产品相关的专业知识。但是，作为产品销售者的主播却不能不了解自己的产品。随着直播领域的竞争越来越激烈，喊口号的销售方式已经难以让观众对主播产生信任。主播要想与观众建立信任关系，就必须对产品进行极具吸引力的讲解和介绍。

　　FABE 法则是介绍产品的方法之一，能够帮助主播更系统地向观众传递产品的关键信息。FABE 法则如图 5-1 所示。

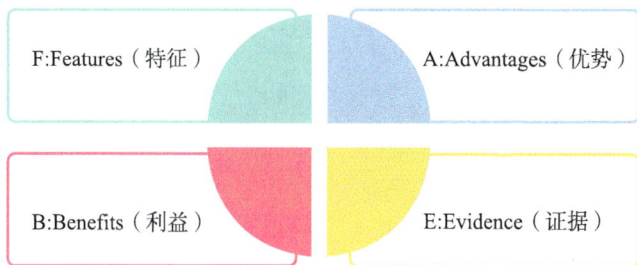

图 5-1　FABE 法则

（1）Features（特征）

　　产品的特征包括参数、价格、功能及效果等。人们在购买产品时，都会了解产品的特征，以衡量产品是否适合自己。因此，主播在直播时可以面对面地向观众介绍产品的特征，从而使观众更深入地了解产品。例如，某主播在介绍健身课程时说："这个健身课程价格低，而且只需要 3 个月就可以有不错的瘦身效果。"价格低、效果好就是这个健身课程的特征。

（2）Advantages（优势）

　　主播需要解释为什么产品值得观众购买，即向观众展示产品的优势。还是用健身课程来举例，主播在对健身课程进行介绍时可以说："我们的健身课程有一个非常好的优势，那就是如果学员没有在规定的时间内达到瘦身效果，可以要求退款。"对于想健身又怕没有效果的观众来说，随时退款就是一个很大的优势。

（3）Benefits（利益）

利益就是观众购买产品可以获得的好处。主播在介绍健身课程时可以说："很多购买了健身课程的学员都比之前瘦了很多，身体也不像之前那样虚弱。"变瘦、身体更强壮是这个健身课程带给观众的利益，主播需要将其展示出来。

（4）Evidence（证据）

证据即用事实证明主播介绍的内容是真实、可信的，而不是为了把产品销售出去在胡乱吹嘘。主播可以说："很多学员本来只购买了第一期健身课程，但因为效果很好，而且我们的健身教练也非常负责，就又接着购买了后面几期课程。"主播可以将学员健身前后的体重、身形对比图展示出来，并给观众看健身教练帮助学员健身的照片，以及学员购买后面几期课程的转账记录（将重要信息打码）。

在正式直播时，主播可以用一个固定句式将上述四个要素连接起来：因为产品（特征）……所以能够为您带来（优点）……您在购买后会发现产品可以让您（利益）……这不是我在夸大产品，而是因为购买过的观众都（证据）……

FABE法则可以让产品介绍更有吸引力，但对于知识付费类主播来说，专业性才是首要的。主播在直播时应该展示自己的专业程度。

知识付费类主播要用自己的专业知识内容讲解将观众留在自己的直播间，进入自己的社群。我现在做的就是知识付费领域的直播，我是洳冰魅力演讲的创始人，在创业、社群运营方面也有自己的成功案例，目前我主打的就是"课程＋图书""社群＋直播"的产品模式。

例如，我在直播间会和观众分享我演讲时遇到的挑战、创业初期的困难等，但我并非简单地分享一个故事，而是会用自己从业以来的专业知识带动观众的思路和情绪，让他们通过我的故事获得专业性的帮助与解答，能够在我的直播间受益。所以，有很多观众会主动询问我有没有相关的课程、训练营。

我曾推出过一款"演讲成交力"的训练营课程，从零讲起如何搭建自己的演讲结构，很受观众欢迎。之后，我也推出了我自己的限量版实体书《人生句本》，如图 5-2 所示。

图 5-2　《人生句本》实体书

我希望通过这种"课程 + 图书""社群 + 直播"的模式，能够为观众带来更多有益的收获。特别是对于一些流量还不够多的主播来说，通过这个模式深度强化基本功，能够很快提升自己的专业能力。

当然需要注意的是，吸引力强、专业度高的产品介绍虽然非常重要，但主播也不能忽视直播间的互动氛围。主播可以先介绍产品，输出一些干货，然后让观众提出问题，并及时帮助观众解决问题。而且，主播还可以和观众连麦，为观众提供福利。这样不仅能调动直播间的气氛，还能进一步提升观众的忠诚度。

5.3 巧妙报价：先说优点，后说价格

在报价环节，主播并不是单纯地将产品的价格报给观众就可以了，而是要充分满足观众追求实惠的心理。如果主播报出来的价格不能让观众感觉到实惠，就难以激发观众的购物热情，甚至会引起观众的不满。

在报价时，主播要注意：先有价值，后有价格。

现在各种类型的直播间比比皆是，观众自然会选择在价格更合适的直播间购买产品。不过，如果主播对产品的报价过低，也会引起观众的质疑。他们会想产品是否有质量问题，否则为什么有如此低的价格。

主播在销售一款产品时，不要一开始就把价格报出来。观众在不了解产品的情况下，难以判断产品的价格是否合理。而且，一旦观众先了解了产品的价格，之后在听主播介绍产品时就会将产品和其价格作对比。经过这样的对比，观众往往会变得更挑剔，从而对产品及其价格产生异议。

主播应该先根据 FABE 法则将产品的卖点介绍给观众，让观众了解产品，然后进行报价，这样能使观众更容易接受产品的价格。例如，主播想销售一款价格为 1999 元的财务课程。如果主播一开始就表明这个课程的价格为 1999 元，那么有些观众可能听到价格就直接退出直播间了。因为对于一部分观众而言，他们不会用 1999 元购买这个课程，也就不想继续了解这个课程的其他信息。

主播要想把这个课程销售出去，就不能在介绍这个课程前先表明价格。主播可以先介绍："今天我给大家推荐的这个课程是由知名金融机构打造的，大家可以从中学习到很多实用的财务知识。而且，为大家讲课的都是从业经验非常丰富的金牌财务总监，他们会指导大家做好财务工作，使大家的事业更上一层楼。"

当主播介绍完这个课程的优势后，有相关需求的观众就会产生购买这个课程的想法。此时，主播再顺势报出价格："现在这个课程的价格为 1999 元。"当然，可能会有些观众认为价格偏高，但因为他们已经了解这个课程的优势，明白价格偏高的原因，所以他们还是愿意下单。

主播在报价前应该详细介绍产品的优势，让观众了解产品的真正价值。如果主播对产品的介绍激起了观众的购买欲望，那么他们对价格的要求可能就会降低。换言之，即使产品的价格比较高，观众可能也会下单。由此可见，先展示产品的优势后报价的做法，对于主播而言是十分有利的。

还有一种更灵活的支付方式。例如，直播产品卖 10000 元以上，主播可以在直播时只要求支付定金占名额即可。

采用更灵活的支付方式后，观众在直播间下单的概率会大大增加。为了打消观众的疑虑，主播还可以做出负风险的承诺：如果不想买了，观众不仅可以退款，还可以保留赠送的礼品。这样会让直播间的下单率更高。

5.4 分享故事：用故事吸引更多观众

直播间是主播销售产品的平台，但生硬地推荐产品通常不会有很好的效果。主播要想让观众买账，拉近自己与观众的距离，就应该用故事让直播变得生动、有趣，充分激发观众观看直播的兴趣，吸引更多观众观看直播。

很多主播在直播时更注重对产品本身的推荐，全程都在介绍产品的功能、使用体验等，与观众互动也只是围绕产品进行一些答疑。这样的做法虽然可以让观众了解产品，但不一定能够让观众完全信任主播的推荐。

懂得讲故事的主播不会单纯地介绍产品，而是会在直播过程中适当地插入一些故事。他们可以通过讲故事，把观众带入产品的具体使用场景中。例如，某主播在推销一款母婴产品时就从自己的孩子入手，与观众分享亲子之间的故事，并讲述在养育孩子的过程中遇到的问题。该主播将产品与故事融合在一起，说明产品是如何解决自己在养育孩子的过程中遇到的问题的。这样有孩子的观众自然会和该主播产生共鸣，该主播既能销售更多产品，又拉近了自己和观众之间的距离。

除了讲与产品相关的故事以外，主播也可以在直播时讲自己感兴趣的故事。视频号主播意公子就很会讲故事，她身穿一袭绿衫，留着干净利落的短发，端坐着给粉丝讲《庄子》、竹林七贤、苏东坡、《洛神赋》等故事。

主播在直播过程中讲故事能够与观众建立情感连接，使自己的形象在观众眼中更立体。观众对主播产生了亲近感，自然就会认可并信任主播。

故事的使用场景还可以是讲述产品使用结果。例如，某学员学了大伟财商教练的记账法，每天只是多花了 5 分钟记账，一年下来银行存款多了 50000 元。如果你不是很会理财的人，就可以从记账开始学习理财。

我们可以在故事中弱化产品广告，转而强调使用产品后的变化。例如，我有一个产品名为"讲师计划"，是一个教学员如何做直播演讲的课程。

我是这样介绍"讲师计划"这个产品的："原来有很多学员不知道如何做演讲，也不知道如何开展直播。而且，自己做的短视频没有自我介绍，内容也不清楚，完全是一个小白。这些学员即使强行开了直播，在线人数也很低，导致自己越播越灰心，更不要说变现了。

"后来，我用'讲师计划'这个方案，帮他们优化了自己的简历、形象照及短视频内容。我还教他们如何在直播时留下粉丝，如何转化粉丝，如何进一步提升自己的演讲能力，让直播的表现更出彩。

"这些参与到最后的学员，他们的直播能力有了突飞猛进的提升。他们能够在直播间很轻松地把产品挂起来，有的人第一次直播就可以把产品卖出去。"

虽然这个故事讲的是学员的事，但推广的却是"讲师计划"这个产品。我并没有介绍"讲师计划"有什么功能，能为观众带来什么，我只是讲了过往学员的痛点以及他使用产品后的变化。主播以"问题＋困境＋改变"的模式讲故事，可以将观众带入自己创设的情境中，让他们和故事中的人物感同身受，从而对产品产生兴趣。

还有一些人想要成为主播，但是由于缺少实践，自身生产内容的能力也比较薄弱，没有办法像其他主播一样畅谈各种典故、金句等，那么这些人可以考虑先从做 KOC 入手。

实际上并不一定只有能够生产内容的人才能做主播，KOC 作为产品的体验者，他可以将自己的使用体验分享出来，成为产品的推荐者。这是成为主播的另一种方法。例如，读过哪些书、学习过哪些课程、使用过哪些护肤品，这些都可以成为 KOC 直播内容的来源。对于刚加入直播行业的人来说，通过这个模式成为主播的选择性也更多，可以在不断实践中明确自己热爱的直播领域。

5.5　亲自实验：向观众介绍使用感受

相比在淘宝、京东等电商平台上购物，越来越多的观众似乎更愿意通过观看直播来购物，因为这种新型购物方式能够带给观众更好的购物体验。观众可以通过主播对产品进行现场实验看到产品的实际效果，从而更放心地购买产品。

为了更好地向观众传达产品的实际效果，主播需要尽可能详细地将自己的使用感受表达清楚，让观众充分了解产品。主播具体可以从以下几个方面入手。

（1）抓住观众的需求

主播应该抓住观众的需求，并将这个需求与自己的使用感受结合在一起，提前说出自己的感受和体验。例如，观众的需求是购买一款内存大、不卡顿的手机，那么主播就可以在使用自己推荐的手机后对观众说："通过我的亲自实验，这款手机真的不错，流畅程度与 iPhone 没有很大差别，而且内存足够大，可以储存很多文件、照片等。"

但是，主播也要注意，自己的使用感受一定是真实的，不能弄虚作假。试想如果主播平常在直播间使用的手机是 iPhone，却在推广这款手机时说自己一直在用这个品牌的手机，显然会引起观众的反感。所以，主播在分享产品使用体验之前，一定要亲自使用一段时间，让观众能够感受到你的真诚。只有你是为观众着想的，观众才会乐意买单。

（2）生动、形象地展示效果

主播要生动、形象地展示产品的使用效果，以便让观众对产品有更直观的感受。2021年以前，云舒在线下开设了一个餐桌美学课程，凭借精湛的美学功底获得了学员的一致好评。随着直播越来越火爆，各式各样的直播平台纷纷涌现，云舒迅速在2021年底开通了自己的视频号"云舒生活美学"，将线下的美学课程转移到了线上，开始多样化的线上美学课程。

云舒在视频号直播间展示自己插花的全过程，给观众传授了很多实用的插花技巧，并多角度地展示了各种插花和软装搭配的实际效果。精彩的直播吸引了众多观众观看，在直播过程中不断有观众购买云舒的美学课程，她收获了一大批学员。

在线上教别人插花的主播有很多，特别是在近两年，居家办公的人数增多，在家里营造美的需求也日渐增多。那么，为什么云舒可以在这么多的插花主播中脱颖而出呢？原因在于云舒把观众当成了自己的朋友，而不是顾客。

每次进入云舒的直播间，云舒都会用轻柔、温暖的声音向观众打招呼。除了向观众展示插花的手法以外，云舒还时常在直播中穿插一些爱犬、盆栽、窗户的镜头，为观众营造一种轻松、愉快的氛围，同时也向观众展示了自己日常的生活状态，能够迅速拉近与观众的距离。

朋友的推荐比导购的推荐要有效得多。所以，即使云舒不推销自己的美学课程，也会有观众主动下单。

（3）创意必不可少

大多数主播直播的最终目的都是变现，而每种产品都会有竞品，如何才能让观众选择自己的产品，成为很多主播亟待解决的问题。如果主播能够将使用感受表达得足够有创意，就能够让自己的产品在千万种同类产品中脱颖而出。

因此，主播在描述使用感受时可以加入自己的创意。有时一个出人意料的好主意就能够成就一个产品，这就是创意的魅力。当然，这也是演讲和表达的魅力，让观众感受产品的美好使用体验。

总之，主播要介绍产品的使用感受，并辅以生动的效果展示和极具创意的表达。这样才可以更好地激发观众的热情，调动直播间的气氛，从而促进产品销售。

5.6　适度承诺：观众为何怀疑主播在忽悠

王安石曾经在《辞同修起居注状·第四状》中写道："忠者不饰行以侥荣，信者不食言以从利。"这句话的大致意思是忠诚的人不通过修饰自己的行为来侥幸获得荣耀，有信用的人不会说话不算数来追逐利益。

戴尔公司创始人迈克·戴尔也说过一句关于承诺的话："不要过度承诺，但要超值交付。"这句话的潜在含义是每个人都需要为自己做出的承诺负责，否则将彻底失去他人的信任。

同理，对于主播而言，遵守承诺是非常重要的一项品质，毕竟任何生意都要以诚信为本。遵守承诺的前提是适度承诺，如果主播可以做到适度承诺，那么他在观众心中的地位就会大大提升。如何才能做到适度承诺呢？主播不妨从以下三个方面入手。

（1）承诺要找准点

主播通常有特定的粉丝群体，这就要求主播给出的承诺一定要符合他们的需求。例如，观看某知识型主播直播的观众主要是一些考研的大学生，那么该主播就可以承诺为他们提供考研复习资料，或者邀请考研名师为他们分享学习经验等。

（2）承诺要量力而行

有些主播喜欢随便承诺，向观众承诺质量绝对有保障，但实际上销售的产品存在很严重的质量问题。对于主播而言，重要的不是向观众承诺了多少，而是承诺能兑现多少。

（3）承诺要及时兑现

有些主播在直播时会承诺为观众送礼物，并表示礼物会在直播结束后发放。礼物通常有两种：虚拟礼物、实体礼物。虚拟礼物有优惠券、红包等，这类礼物不用发货，兑现起来比较容易；实体礼物是需要发货的，主播必须记得把承诺的这类礼物发给观众，否则会影响自己的在观众心中的信誉。

还有些主播会承诺亏本向观众赠送一些福利款产品，这类承诺也是必须兑现的。例如，某主播在直播时承诺赠送本次直播课程的思维导图，只要是关注主播并私信"666"的观众都能参与活动。于是，很多观众立即关注该主播并发私信。在直播结束后，该主播给关注自己并发私信的观众兑现了承诺。

在我的视频号中，观众只需要发送"1314"就可以获得演讲金句 100 句，提升演讲能力，获得更多演讲素材。

在直播时，主播可能说了 10 分的话，却只做到了 7 分的行动，这就属于承诺过度，自然会让观众产生不满情绪。有些观众甚至会认为主播是在忽悠自己。如果主播能在遵守规则的基础上做到适度承诺，那么他在观众心中的诚信度就会很高。久而久之，他能获得更多忠实观众，他的直播间也会越来越热闹。

5.7　售后管理：观众为何迟迟不肯下单

如果主播希望吸引更多观众观看直播并购物，就一定要认真对待购买产品的观众，尽心尽力地为其做好售后服务。完善的售后服务能够使主播发展得更长远。

有些观众可能想购买产品，但因为不了解产品的售后服务，所以会暂时保持观望状态。如果主播在展示完产品后可以详细说明产品的售后服务，那么这些观众也许就不会有顾虑，甚至可能会立刻下单购买。

例如，一位主播在直播间销售一款手机，该手机的性能不错，价格也十分划算，而且下单还有礼品相赠。但即使如此，下单的观众也不多。就在主播感到非常疑惑之际，她看到很多观众在咨询手机的售后问题。于是，她连忙解释道："除了以上福利之外，这款手机的售后服务也十分到位。凡是现在下单的朋友，都可以享受一个月内无条件包换的服务。而且，如果手机在使用过程中出现任何问题，大家随时可以申请免费修理。"

经过主播的一番补充，很多对售后服务不了解的观众纷纷下单购买。最终，这款手机在直播期间获得了不俗的销量。

保证产品的售后服务能够打消观众的后顾之忧，使他们放心下单购买。同时，主播向观众承诺的售后服务不能只是空话，而是必须落到实处。此外，诚心诚意地为观众做好售后服务，对提高产品的销量也有十分重要的影响。

主播可以从以下几个方面做好售后服务。

（1）主动售后

当产品卖出后，主播应该对产品的物流情况进行实时追踪。有时主播同时发出了很多产品，物流追踪会产生一定的滞后性。在这种情况下，主播可以根据发货日期和距离计算观众收到产品的大致时间。

从主播发货到观众收货通常需要 3 ~ 5 天的时间，主播可以在发货的 5 天后查看观众是否已经收货。如果观众没有收货，主播就可以主动提醒观众，或者询问物流公司是不是物流出现了问题。大部分情况下，主动售后可以获得观众的好感。

（2）及时售后

主播在观众提出售后问题时，应该立刻解决。一般来说，售后问题可以分为两类：一类是在快递运输过程中，产品有所损坏；另一类是产品本身出现了质量问题。

快递运输不当造成产品损坏是主播经常会遇到的售后问题。虽然产品损坏是快递运输造成的，但主播也不要和观众过多纠结于谁是过错方的问题。主播要知道，观众并不关心产品损坏是快递的问题还是主播的问题，观众只想收到完好的产品。所以，主播在遇到这样的问题时，一定要立刻对观众进行赔偿或为观众补发产品，然后和快递公司协调产品损坏的责任问题。

如果产品本身出现了质量问题，那么主播应该诚挚地向观众表达歉意，并立刻为观众退换产品。

（3）长期售后

主播可以记录忠实观众的姓名、联系方式等，并持续维护自己和忠实观众的关系；可以定期与忠实观众沟通，询问他们对产品的意见和建议，重视他们给出的反馈信息。做好长期售后，不仅可以进一步提升忠实观众的忠诚度，也可以提高其他观众的黏性，同时还会有更多观众愿意为主播及其直播间做宣传。

主播应该时刻记住，真正的销售是从售服务开始的，只有做好售后服务，观众才能更放心地在主播的直播间下单。

我有一位学员——卿姐卤鹅实战教练，她的直播间主要卖广东卤鹅。食品销售是一门长期生意，并不是一锤子买卖。所以，为了更好服务客户，她建立了社群，为社群粉丝对接当季产品，如广式汤料、端午粽子、中秋月饼等。通过这一系列的售后跟踪服务，她卖出去了更多品类的产品。因此，长期服务客户的需求，对于粉丝的持续转化具有重要意义。

吸睛文案：
流程化布局，格式化模型

　　每一场直播的重点通常是不同的，这就导致主播将很大一部分时间都花在了文案设计工作上。有些主播在设计文案时经常会苦恼文字不够精练，或者语言不够有吸引力。针对这些问题，本章总结了六种文案类型，帮助主播通过流程化布局和格式化模型提高工作效率，使主播更轻松地应对每一场直播。

6.1 特定型：根据特定对象设计文案

主播要在熟悉产品的基础上对产品进行分类和总结，然后根据观众对产品的喜爱程度选定产品的特定对象，以特定对象为核心进行文案设计。

当一个产品有多个卖点时，你会希望把所有卖点都体现在文案中，也想将产品的优势全部展示给观众。这样反而达不到预期的效果。这时，你需要综合分析和思考产品的哪个卖点是观众最关注的，以及哪个优势是产品最大的特色。

想清楚这些问题后，你就可以设计文案了。你需要"忍痛割爱"，删除那些不重要的信息，在文案中重点突出观众最感兴趣的关键信息。例如，你的观众定位是宝妈，那么你就可以使用特定型文案，把主题定为"揭秘宝妈 3 个月成为职场 CEO 的秘籍"，然后围绕这个主题进行延伸。

但是，只在直播间发布文案还远远不够。一方面是因为直播间的文案字数有限，另一方面是观众会更多地选择听直播，而非看文案。所以，主播也要充分利用好自己周围一切能够利用的发布文案的平台，如朋友圈或社群。

我在朋友圈不会只发针对产品的文案。有时候，我也会发一些分享自己的生活状态和体现自己的人生观、价值观的文案内容。我朋友圈中的文案能够让别人明确知道我是谁、我是做什么的，所以在日后我发布一些针对特定产品的文案时，或者他们有需求时，他们就会第一时间想到我，想到我的直播间。

不管是我的课程年卡，还是"讲师计划"及色彩疗愈课程，我都会在朋友圈发布相关的文案。每次发布了文案，就有人主动找我购买产品。就是因为我发布的文案具有特定对象的针对性，让那些潜在的受众看了就感觉到："这就是为我写的，感觉这份产品太适合我了，我最近刚好需要！"

特定型文案可以让直播更有针对性，因为主播已经提前选出了特定对象，会让特定对象觉得产品是为他们量身定制的，从而满足他们的精神需求，便于他们更好地进行自我定位。总之，文案要与众不同、明确定位，才能吸引更多观众进入直播间看直播，从而获得更多购买订单。

6.2 数字型：用数字打造超强吸引力

主播在设计文案时要善于利用数字，因为数字会让文案更有说服力。与文字相比，数字有着更丰富和更深刻的表达效果，因为它不仅是一种符号，还是一种语言。观众在潜意识里会认为数字更有逻辑性，包含数字的文案也更有说服力和权威性。

例如，某书店在直播间运用了文案："6+6 真的可以等于 16 吗？"这个不可能成立的等式立刻吸引了观众。随后，主播用充满文艺气息的语言列举了很多本就不成立的等式，如"55 件张爱玲式的旗袍加上 30 条梦幻项链，等于 10 场上海服装秀"，最终引出了直播间的优惠活动。

原来这个文案是在为优惠活动做铺垫，即如果观众邀请自己的一位朋友进入直播间并分别购买 6 本书，那么收货后两人可以再免费获赠 4 本书。每人购买 6 本书，再加上 4 本免费的书，从这个角度看"6+6=16"似乎真的可以成立。

主播应该如何设计数字型文案呢？解决这个问题的关键有两点。

（1）尽量使用阿拉伯数字

能用阿拉伯数字表达的内容，尽量不要用中文数字，因为观众对阿拉伯数字的反应时间明显短于中文数字。例如，"三个秘诀，让你瘦百分之二十"和"3 个秘诀，让你瘦 20%"，哪个文案更直观？很明显，阿拉伯数字的效果更好。在这个信息大爆炸的时代，减少观众的思考时间很有必要。因此，主播最好用更直观的阿拉伯数字来吸引观众的注意。

（2）图片和数字相结合

大多数文案只能向观众表达与产品相关的重点信息，却不能让观众体验到身临其境的感觉。这时，主播就可以用图片来辅助提升直播效果。例如，某主播在为观众赠送礼品时就以数字和图片相结合的方式更直观地展示礼品，如图 6-1 所示。

图 6-1　数字和图片结合展示礼品

在设计数字型文案时，用阿拉伯数字代替中文数字，再与图片相结合，这不失为一种比较高超的文案设计技巧。

6.3　问题型：通过制造悬念赢得关注

问题型文案可以制造悬念，吸引观众的关注。在设计问题型文案时，主播需要以疑问、反问等方式直接提出问题，激发观众的好奇心。主播要想做到这一点，需要注意以下两个细节。

（1）提出的问题要有意义

很多主播可能会为了博眼球，而提出一些没有实际意义的问题。如果文案中的问题没有击中观众的需求和痛点，那么观众想要更深入地了解产品的意愿就会比较低。

（2）提出的问题要有诱惑力

在设计问题型文案时，主播要使用一些技巧对文案进行包装，使文案实现更大范围的传播。例如，某直播间的文案："你知道为什么你的被子看起来很干净，但盖上会有一种不舒服的感觉吗？"在看到这样的文案后，观众会不自觉地想知道主播是如何解决这个问题的，希望可以通过观看主播的直播找到问题的答案。

"我们直播间有这样一件产品，它炫酷的外观让购买它的人可以有 200% 的回头率。大家想知道这件产品是什么吗？接下来的直播会为大家揭晓答案。"这是一个正在销售滑板车的直播间设计的开场白。这个开场白以提问的方式吸引观众观看接下来的直播，可以让观众对产品有更强烈的好奇心。

我在做魅力演讲的直播时曾经问过观众："你知道怎样设计一场直播，通过 12 小时的演讲实现 600 多万元的课程预售目标吗？"大部分观众都会回答不知道，或者认为这件事情很难做到。但是，我只需要告诉观众接下来的直播内容将为大家揭晓答案，我如何通过 12 小时的直播演讲实现 600 多万元的课程预售目标，观众的好奇心就会被高高吊起，选择观看接下来的直播。

在文案中加入问题可以更引人注意、惹人好奇，让观众有一探究竟的欲望。有些观众还会将直播间链接分享给朋友，与朋友一起观看直播。这在无形之中就为直播间带来了更多的流量，有助于提高后续的订单成交率和私域流量转化率。

6.4　限时型：让观众亲自体验紧迫感

限时型文案主要是围绕活动的时间，以较大的优惠、较低的价格吸引观众，给观众带来比较强烈的心理冲击。观众在直播间购买产品时，经常会看到主播举着限时优惠的牌子，而且优惠的幅度还很大。

例如，一个销售思维课程的直播间打出的广告是"凡是在 2 小时内报名的观众，都可以免费获得思维导图电子资料"。限时能为观众带来一种紧迫感和竞争感，让他们没有那么多时间去思考，然后就被文案和优惠活动吸引，进而选择下单。

在举办优惠活动时，除了限时以外，奖品的选择也非常重要。主播要站在观众的角度思考，选择实用的、对观众有较大吸引力的奖品，这样才能吸引更多观众。例如，某主播在直播时将优惠券作为限时奖品，如图 6-2 所示。

图 6-2　主播限时送优惠券

主播可以把优惠活动的关键信息，包括截止时间、奖品等提前做成宣传板，当优惠活动开始时就将其举起来展示给观众，这样还可以起到引流的作用。

例如，主播可以在直播间向观众说："想要参与优惠活动的观众请打'1'，大家可以免费领取价值 199 元的赠品。大家可以关注直播间，之后在主页私信我的助理，直播结束后就会把赠品给大家发过去。"

在直播结束后，主播一定要遵循活动规则做到诚实守信，不弄虚作假，把中奖观众的奖品落实到位。毕竟诚信是做生意的基本原则，如果主播为了贪图这点小便宜而弄虚作假或反悔不给观众发货，必然会失去观众的信任与支持。

当把奖品送到观众手中后，主播还可以和他们联系，让他们发表对奖品的意见，以及他们得到奖品时的心情。这样不仅能拉近主播与观众之间的距离，还能让其他没有得到奖品的观众觉得主播是非常真实、可靠的，让他们觉得也许下一个获奖的就是自己，从而提高他们对直播的期待和对主播的忠实度。

6.5　明星效应型：明星同款等你拥有

明星效应型文案的主要对象是一些当红的明星。例如，销售化妆品的直播间可以设计"当红明星都在用的粉底""明星在参加活动时会随身携带的口红"等文案。这样可以让产品更有吸引力，充分利用明星效应为直播间引流。

观众经济是明星效应最直接的体现，正因为数量庞大的观众才形成了明星同款热销的局面。主播可以基于明星效应设计文案，吸引更多观众购买产品。例如，近年来主旋律电影十分受观众青睐，其凭借宣传真善美、弘扬正能量等特点吸引了大批影迷，电影中的明星同款也迅速走红。主播可以将这些明星同款放到自己的直播间销售，并以此为基础设计文案，从而进一步抢占直播市场。

观众购买明星同款不外乎出于以下几种心理：对明星的喜欢、认可，通过使用明星同款与明星建立联系，以及满足自己的精神需求等。为了迎合这类心理，也为了给产品销售带来更多可能，主播可以充分利用明星效应，在明星与产品之间建立某种联系，使观众对明星的感情转移到产品上。这实际上就是心理学中的投射现象，即观众将对明星的喜爱转移到产品上。这也是很多明星的周边产品销量非常好的原因。

除了销售明星同款以外，主播也可以选择与明星连麦，利用明星的粉丝号召力吸引大批流量涌入直播间。例如，主播在直播预告中设计了文案："今晚 8 点，主播将与 × × 明星连麦，请大家多多关注，按时进入直播间"，那么观看直播的观众将会大幅增加。如果之前每来 10 名陌生观众就有 3 名观众下单，那么按照同等比例换算，每来 100 名陌生观众就会有 30 名观众下单。这不仅能够提高直播间当时的成交量，还为后续的私域流量引流做了铺垫。

主播要提前约好连麦明星，最好选择有趣、粉丝多、有直播经验的明星。这样的明星可以更好地为直播间引流，也能够输出更多干货，为直播效果加分。此外，在直播时谈论什么话题、销售哪些产品等问题，也要提前和明星沟通好。

主播还要注意在选择明星合作时，最好选择与直播间气氛契合或与产品特性相符的明星。例如，销售高端定制西服的主播与搞笑谐星连麦，效果就不会很好。因为西服的材质硬挺，整体感觉也较严肃，而搞笑谐星自带搞笑气氛，很难让观众想象出严肃西服的穿搭场景。但如果主播选择身材高大、长相周正、具有成熟气质的明星来连麦，直播间的气氛就会显著不同。

当然，对于主播来说，销售明星同款、邀请明星连麦通常都只能取得一时的效果。主播一定要做好心理准备，提前制定完善的直播计划，避免等到明星的热度过去后，直播间热度急剧下降，从而对产品销售产生影响。

6.6　痛点锚定型：激发观众的情绪变化

从本质来讲，痛点锚定型文案就是将事实摆在观众面前，引起观众的情绪变化，达到让观众紧张的效果。例如，销售减肥课程的主播可以先讲述肥胖对身体的危害，如图 6-3 所示。

01 肥胖症是 Ⅱ 型糖尿病全球流行的主要因素

02 肥胖症患者会出现典型血脂异常

图 6-3　肥胖对身体的危害

如果观众对此无动于衷，主播还需要用可能出现的现实问题来警醒观众。而且，主播对这种问题的描述一定要尽可能地场景化，让观众通过想象就能够明白减肥课程的重要性。在销售减肥课程时，主播可以向观众展示肥胖为观众身体健康带来的影响，如高血糖、高血脂等。这些具体的问题可以激发观众追求健康的心理，从而购买减肥课程。

这里我推荐用五感法讲故事。所谓用五感法讲故事，即通过描述视觉、听觉、嗅觉、味觉和触觉五种人体的感官体验来让观众感同身受，进而明确"我确实是有这个需求的"。

例如，在上面的主播销售减肥课程的案例中，如果主播只是一味地描述肥胖对身体不好、会引起高血糖等疾病，这并不会引起观众切身的感受，因为许多人没有这些疾病的困扰。此时，主播就可以采取五感讲故事法来描述这一场景。

（1）视觉

过于肥胖会引起高血糖、高血脂等疾病，患病者的视觉会退化，眼睛浑浊，视物不清，影响日常生活。而且，在外人看来，患病者会十分苍老，面部焦黄，手部还容易长黄色斑块。

（2）听觉

过于肥胖会引起高血糖、高血脂等疾病，患病者的听力会有一定的衰退，有时连起床的闹钟、汽车的喇叭声都听不见，会引起很多麻烦。

（3）嗅觉

过于肥胖会引起高血糖、高血脂等疾病，而且患病者的鼻息会变得很重，汗腺分泌汗液增多也容易产生难闻的气味，对社交有很大的影响。

（4）味觉

过于肥胖会引起高血糖、高血脂等疾病，患病者还需要忌口，几乎与美食绝缘。

（5）触觉

过于肥胖会引起高血糖、高血脂等疾病，患病者身体虚弱，浑身无力，对疼痛异常敏感，有时对他人的轻轻碰触也会感到一阵剧痛。这会对自己的生活造成很大的影响。

主播完全可以从这五种感官感受来描述过于肥胖会造成哪些不利影响。观众也许不能体会患病的感受，但他们知道视物不清、浑身无力、气味难闻等感受，就能够切身体会到那种患病的不适感。此时，避免产生这种不适感就成了观众的明确需求，观众自然会想要购买相关的减肥课程。

但是，观众看直播很大一部分原因在于想要放松精神，所以主播在锚定观众的痛点需求时要注意尺度和分寸，将场景描述保持在合理的范围内。试想，如果销售减肥课程的主播在直播间大肆宣扬肥胖导致身材走形、穿衣难看、被人嘲笑，势必会引起很多观众的反感。因为他们会想到令人不愉快的场景，而为了快速逃离这种场景，往往会选择最简单的方式——退出直播间。所以，尽管主播要精准击中观众的痛点需求，但也要注意用词，最好不要使用一些很容易令人不快或带有冒犯性质的词语。

当然，对于主播来说，设计合适的文案不是最后环节，主播还应该为完整、流畅地输出文案做准备。忘词、卡壳是很多主播在直播时都会遇到的情况，所以事先准备一个罗列了文案关键词的提词板是很有必要的。

有了提词板，即使主播因为面对镜头太紧张而临时忘记了文案的内容，也可以在直播过程中随时看提词板。主播可以把提词板贴在自己对面的墙上，或者贴在自己的直播架前面。而且，提词板或草稿上的字要稍微写大一点，这样主播才能最快速度地看清楚提示的字，不会影响直播的流畅度。

场景化展示：
有图有真相，现场展示

在直播过程中，主播需要搭建直播间的场景，建立一个完整的情境。场景化的内容展示和产品展示可以更真实地展示内容与产品价值，唤醒观众的购买欲望。

7.1　场景搭建：内容与直播间高度匹配

直播平台中有许多场观在 10 万人次以上的直播间。这些直播间之所以有这么高的单场观看量，是因为它们搭建了超级场景，能够激起观众内心深处的情感。

例如，一个削柿子皮的视频号直播间有着"10 万 +"的场观，就是因为这个直播间能够以朴实的内容、怀旧的故事激发观众的乡土情怀，勾起观众对故乡的怀念；一个玩老式俄罗斯方块游戏的直播间有着"10 万 +"的场观，就是因为这个直播间能够以童年游戏场景勾起观众的童年记忆。

对于主播而言，搭建直播的超级场景更有利于展示内容，吸引更多观众。怎样才能搭建超级场景呢？关键在于主播的直播主题、直播分类、在直播间分享的话题等要和整个直播间的场景高度匹配。也就是说，从观众在直播广场看见直播间，到进入直播间听主播分享、与主播互动，观众在直播间感受到的内容和开始的期望是高度一致的。这样的场景就是超级场景。

例如，某视频号主播在一个茶室里直播，其定位是知识主播，输出的内容是营销干货，选择的直播分类是教育培训。该场景吸引到的流量十分微薄。此后，该主播将直播分类调整为日常生活类，细分类别选择了日常聊天，流量随之提升。其背后的原因就在于场景的匹配性。

平台会分析主播在直播间做了什么事情、讲了什么内容，并判断这些信息与主播的直播设定是否一致。该主播之前选择了教育培训分类，但直播间场景却是喝茶聊天。这会被系统认定为内容和场景不匹配，难以获得平台的更多推流。类别调整之后，茶室场景和直播分类设置是高度一致的，更容易获得平台推流。

此外，在搭建超级场景的过程中，主播还需要明确一个前提，即聚焦细分领域打造超级场景。2022 年，视频号官宣要重点扶持泛知识、泛生活、泛资讯方向的视频，以及体育、音乐、剧情、才艺类视频，同时提出了原创、真人创作者的生态理念。这些都是主播可以聚焦的方向。

7.2　产品场景化：描绘产品的使用场景

任何产品都有自己的使用场景。产品场景化就是给产品定位，在介绍产品时描绘出产品的使用场景。以五粮液集团的黄金酒为例，由于其定位是送给长辈的保健酒，所以每当年轻人想要给长辈送酒时往往首选黄金酒。"送长辈酒类礼品就送黄金酒"就是将黄金酒定位成送给长辈的礼品，成功实现了产品场景化。

场景化营销在直播中同样适用。面对越来越激烈的市场竞争，主播需要考虑如何保持观众对产品的记忆，引导观众对产品产生场景化识别，从而保持观众对直播间的忠诚度，实现持续化经营。

场景化展示产品的步骤

场景化展示产品的步骤，如图 7-1 所示。

图 7-1　场景化展示产品的步骤

（1）确定产品的使用场景

确定产品的使用场景，是指确定产品可支持的使用场景。主播要根据产品的功能、形状、口味及延伸功能等因素对产品及产品的使用群体进行定位，同时明确观众对产品的需求，找到观众使用产品的多个场景。

以汽车为例，汽车的基本使用场景就是出行。因此，主播在描绘汽车的使用场景时，要依据真实生活中的场景进行描绘。例如，一些空间大的中型汽车十分适合家庭出游，而一些外观豪华的商务车适用于各种商务场景。总而言之，主播需要了解所售产品的性质和作用，然后尽可能多地寻找产品的使用场景，从而确定展示产品的角度，让产品更贴近观众的日常生活。

确定了产品的使用场景后，主播也要善于进行场景描绘，以吸引消费者下单。例如，某主播就十分擅长描绘场景，充分调动观众的想象力，促使其快速下单。

在言语中，主播可以多用感叹词引导观众的情绪和状态，让观众的情绪跟着自己走。

在场景描述中，主播可以多用"五感"描述法。例如，我的耳朵听到了嗡嗡的声音；我尝到了又酸又涩的味道，反复吐出来几次，始终觉得还是被这种酸涩卡住了；我摸到这个面料是从未有过的柔软，像羽毛，像丝绸，划过我的皮肤，划过的速度，用手是留不住的；我在院子里闻到了卤鹅的味道，三步并作两步，一路小跑到厨房，想看看出锅了没有，我的口水咽得下，我的鼻子无处安放……

从听觉、味觉、触觉、嗅觉和视觉去描述一件事情的感受，让观众和你一起感受，从而实现情感快速融入。

在介绍一款童装时，该主播首先对这款童装的材质进行了介绍："大家是否经常为清洗孩子的衣服而苦恼呢？六七岁的小孩子正是活泼爱动的年纪，衣服经常脏、经常换都是不可避免的。出去打个球，跑一圈，带回来许多污渍，看了只想把衣服直接丢进垃圾桶。但是，这款衣服能够免去您的烦恼。它使用的是涤纶面料，十分容易清洗。穿上这件衣服，孩子能够放心大胆地玩耍了。同时，您也不必再为衣服脏了难清洗而发愁，不管多脏，只需轻轻揉一揉，就跟店里刚买回来的一样干净。"

紧接着，该主播又详细介绍了这款童装的设计亮点："这款童装制作精良，柔和的颜色、时尚的拼接都为其增色不少。衣领处还设计了荷叶边，十分漂亮。穿上这件衣服，您的孩子就是班级里最靓的小朋友。"直播间的观众听了介绍后纷纷下单，这款童装很快就成了直播间的爆款。

为什么该主播的介绍能够吸引观众下单呢？原因就在于其在展示产品时加入了联想式的场景描述。通过主播的描述，观众很容易就想起了平时孩子脏衣服难清洗的画面，也能够在主播的引导下想象出自己的孩子穿上这件衣服时神气的模样。通过场景描绘并引发联想，该主播成功地提高了产品的销量。

在展示产品时，通过场景式描述引发观众的联想，能够使观众在此过程中加深对产品的认知，同时观众也会更加认同主播的观点。这对于观众购买产品具有促进作用。

（2）了解竞争产品的使用场景

一般来说，主播销售的产品都会有竞品，导致产品可选择的对应消费场景减少。面对这种情况，主播需要考虑如何选择产品的主要消费场景。如果竞争对手的产品在某个场景内比较有优势，那么主播就要选择其他消费场景来发挥自身产品的优势。

例如，某主播销售的产品是新能源汽车，其竞争产品是传统的燃油汽车。在展示产品时，该主播通过亲自驾驶新能源汽车展示了汽车的诸多优势，如使用成本更低，百公里耗电费用在 10 元以内；没有换挡冲击，行驶更加稳定；不燃油、更环保等。通过直播展示驾驶场景，充分调动视觉体验感，观众能够直观地感受到该款新能源汽车的优势。

（3）确定产品的独有场景

确定产品的独有场景，或者选择可以让观众眼前一亮的产品场景。产品场景化会使观众对产品有更直接的感受，独有的场景会在观众心里留下深刻的印象。因此，主播要选择产品的独特化场景，给观众留下深刻的印象。

例如，主播在直播间销售一款汽车，这款汽车可以在商务办公、家庭出游、上下班代步等多场景使用。如果主播将汽车的所有使用场景都描绘出来，即使该款汽车拥有强大的功能，也不会让观众感受到其独特性和突出优点，从而导致观众失去兴趣。因此，主播要选择产品的独有场景，突出产品的某个优点，从而吸引观众购买。

此外，主播在展示产品时要注意不同的消费群体对应不同的使用场景，即明确产品的具体消费人群，并按照消费人群的消费习惯描述相应的使用场景。

文案大师大卫·奥格威曾经给一个炊具品牌设计过文案，成功地把相同的产品卖给了不同的消费群体。奥格威通过调查、分析后得出结论，家庭主妇对食物烘焙的兴趣比烘烤大，所以他突出了炊具的烘焙功能，设计了炊具用于做点心、烘焙面包和蛋糕时的场景。此外，他又根据女士喜欢干净的特点，设计了一个女士身穿晚礼服使用炊具为家人准备晚餐的场景。

在面对男士消费群体时，奥格威了解到大多数男士对烹饪没有兴趣，只对烧烤情有独钟，就设计了一个烧烤的场景。在面对厨师群体时，奥格威设计了另外的场景，突出了这个品牌的炊具可以节省烹饪时间和保持厨房整洁的特点。

总之，在面对不同的观众群体时，主播要突出产品不同的特点，为产品设计不同的消费场景。

主播发挥场景化思维时应注意的要点

主播在展示产品时要拥有场景化思维。具体地说，主播应考虑以下三点。

（1）突出产品的个性化体验

观众体验是主播发挥场景化思维时首先要考虑的因素。在传统电商的营销过程中，由于需要满足大多数人的需求，因此规模经济占主导地位，个性消费被压制，人们购买产品的选择空间较小，也就最关注产品的价格。

随着移动互联网与经济社会的不断发展，个性化消费成为主流趋势，人们越来越重视消费体验。因此，主播要以观众体验为核心，在展示产品时突出产品的个性化，从而吸引观众。

（2）利用社群效应，建立忠实观众群体

社群效应是指有相同特征和需求的观众聚到一起形成的亚文化。通过利用社群效应，主播可以最大化地实现产品的场景化价值，从而提升观众的黏性，建立忠实的观众群体。

主播在进行产品宣传时，不但要重视产品质量本身，也要给品牌赋予意义，从而提高观众的参与感和分享动力，提升观众的消费体验。

社群运营对于直播的意义重大，甚至观众在直播间下单后可以由运营人员到社群做下单接龙。从众心理会让直播间和社群下单源源不断。

（3）从场景记忆到场景识别，加深观众对产品的印象

将场景记忆发展为场景识别，是主播实现产品场景化的有效措施。除了频繁地刺激观众的场景记忆，使观众对产品保持长期的兴趣以外，主播还需要提供更加综合的服务，帮助观众主动识别和发现场景，加深观众对产品的印象。

总之，主播具有场景化思维，不仅能够使观众形成场景记忆，还能使观众将日常行为、潜在需求和产品进行密切连接，并采用数据挖掘、个性塑造和动态识别等方法实现场景识别，加深对产品的印象。

场景营销会让人有很强的代入感，让观众忍不住想象自己也在这个场景里，也会很需要这样的产品。

7.3　产品特性化：凸显产品本身的价值

除了用场景激发观众需求以外，主播在展示产品的过程中也要聚焦产品本身，通过具体地介绍产品凸显产品的价值。具体地说，主播在展示产品时可以通过以下几个方面介绍产品。

（1）讲述品牌故事

许多知名品牌都有生动的品牌故事。主播可以聚焦某一产品，和观众分享该品牌创立及发展过程中有意义的事件，以品牌故事

彰显品牌文化、价值理念和产品诉求。品牌故事的分享能够强化观众对品牌的认知。

如果是知识主播，可以书写自己的个人故事，作为品牌故事的背景，非常有战略和营销意义。

我有一位名叫卢不斯的学员原本是电影导演，后来转型创业，定位就是做个人故事片导演，为创业者撰写和拍摄个人故事片，打造了很多创业者的个人品牌。

书写个人故事，建设个人品牌，为个人创业者提供了非常大的信任背书。这对于创业来说有非常大的战略意义，可以与客户建立深厚的信任感，有助于事业的发展。

对于很多个人创业者，特别是知识主播来说，个人品牌非常重要。这可以增加知识主播的权威性，让知识主播输出的内容更让人信服。例如，某主播的直播内容是做英语培训，那么他就可以讲述在国外生活或参加英语竞赛获奖的故事，以此为自己的英语水平背书。

（2）介绍产品成分

近几年来，观众对产品成分的关注度越来越高。他们都很关心产品中是否包含对人体有害的成分，同时也愿意为含有某种对人体有利成分的产品买单，如含有氨基酸的洗面奶、含有烟酰胺的乳液等。因此，主播在介绍产品时需要详细讲明产品中不含有害成分，并讲明其中所含特殊成分的功效。

我有一位名叫 Cici 的学员，她在直播间销售护肤品，每次都很认真地讲产品的成分和功能，让很多严谨的观众有可信任背书。

（3）全方位展示产品

介绍完产品成分后，主播需要全方位展示产品，包括产品外观、使用技巧、使用效果等。

① 产品外观

主播可以介绍产品的设计特点优势。例如，在介绍一款洗发水时，主播可以介绍其按压式设计、瓶身设计等，展示其便捷、美观的优势。

② 使用技巧

主播可以在直播中试用产品，展示产品的使用技巧。例如，主播在介绍一款智能烤箱时，可以详细介绍其不同的功能及使用技巧。

③ 使用效果

对于粉底、面霜等化妆品，主播可以展示其上妆效果，让观众明确地了解产品的使用效果。对于智能扫地机器人、智能音箱等家电，主播也需要现场试用，展示其使用效果。

例如，我有一位住在多伦多的学员，她就在直播间直接展示自己销售的美容 SPA 机如何使用。观众看了她如何对模特使用这个美容 SPA 机，效果很真实，一场直播就获得了 90 万元的营业额。

在介绍产品时，主播还可以将产品和其他同类产品进行对比，表明每款产品的优劣势，帮助观众更好地做出选择。例如，主播在介绍吹风机时，可以从重量、静音程度、使用效果等多方面将自己的吹风机与其他品牌的吹风机进行对比，突出不同产品的特点，便于观众选择。

总之，主播在展示产品时需要从观众的需求出发，详细地为观众介绍产品外观、成分、功效等多方面的特点。只有让观众充分了解了产品的特点及优势，才能够激发观众的购物热情，从而提高产品的销量。

需要注意的是，主播只需要强调产品的不同，不要诋毁竞品，把自己的优势充分展示出来就好了。

7.4 产品配套化：形成系列搭配

产品配套化是指将产品做成组合，满足特定观众的需求，从而提高产品的市场竞争力。例如，主播可以将电脑和显示器组合为配套化产品，从而形成"1+1>2"的效果，提高产品的市场竞争力。因此，主播在展示产品时要将有关联的产品组合起来，体现配套产品的作用及优势以吸引观众。

产品配套化的理论基础是配套效应，也被称为"狄德罗效应"。具体地说，配套效应是指人们在拥有一件新的物品后会想要配置与其相适应的物品，以达到心理上的平衡。

在18世纪的法国，有一位名叫丹尼斯·狄德罗的哲学家。有一天，他的朋友送给他一件质地精良、做工考究的睡袍，他非常喜欢。当他穿着华贵的睡袍在书房里走来走去时，他感到很满足，但他仍然感到一丝不协调。经过观察，他发现书房里的家具破旧不堪，地毯的风格与睡袍不搭。于是，为了与睡袍配套，狄德罗将书房重新装修了一遍，使书房与睡袍的档次匹配。

装修完房间后，狄德罗忽然觉得他做的事令自己感到不舒服，因为他居然被一件睡袍胁迫了。为了记录这种感觉和现象，他就把这件事写成了一篇文章，名为《与旧睡袍别离之后的烦恼》。

美国哈佛大学一位名叫朱丽叶·斯格尔的经济学家在她的著作《过度消费的美国人》中提出了一个新概念——狄德罗效应，具体就是指人们在拥有一件新的物品后会不断配置与其相适应的物品以达到心理上平衡的现象。

根据配套效应，主播在展示产品时可以利用人们的心理进行产品的组合搭配，从而吸引观众购买成套的产品。例如，观众在购买了一条项链后，就可能会想购买与之配套的耳环或手链。因此，主播在展示项链时，可以将其与同样风格的耳环、手链等其他配饰进行搭配，共同推荐。这不仅向观众提供了搭配建议，也能促使观众成套购买产品，从而增加直播间的销量。

在知识付费领域，主播也可以进行产品配套经营。例如，现在流行的读书会模式就是把书和训练营课程整合成一套产品出售给学员。这种"书＋训练营课程"的模式可以帮助读者和作者建立连接。以前写书的作者不知道谁买了书，也无法和读者交流。有了训练营课程，就可以将书的受众群体组织起来，建立私域流量池，从而实现与读者更频繁的互动。这对于作者进一步销售知识产品有很大的帮助。

此外，我在做培训课程时还试过其他配套经营的方式。例如，我销售服装搭配课程时使用了"399+1"的销售模式，即买一个399元的服装搭配训练营课程，只需要加1元就可以再获得一个配饰搭配的训练营课程，相当于花400元就可以获得两个训练营课程。当时我的学员对这种模式十分受用，基本都同时购买了两个训练营课程。

总而言之，主播在设计产品套装时需要重视产品的组合逻辑，不仅要表现产品的功能组合逻辑和系统组合逻辑，还要以独特的格调和理念提升配套化产品的价值，吸引观众购买。

7.5 赠品展示：买化妆品送小样

赠品促销是主播常用的促销手段，即主播为了提高销量向购买产品的观众赠送小礼品的促销行为，具体方法主要包括直接赠送和附加赠送等。如果主播所送赠品与销售产品的特性相符或与其使用相关，那么可以为促销带来更大的诱因，并且在某种程度上为观众使用产品带来更大的便利。赠品促销的字样需要展示在直播间最显眼的地方，以最大限度地吸引观众的注意。

主播选择赠品促销，是由于这种促销方法对观众具有很大的吸引力，可以吸引更多观众注意，提升观众对直播间的好感度，刺激观众购买产品的欲望。

赠品促销可以提升观众的消费意愿，吸引很多其他直播间的忠实粉丝成为直播间的新粉丝。例如，某观众一直在甲直播间购买 A 品牌化妆品。某一天，同样销售化妆品的乙直播间开展了 A 品牌化妆品赠送促销活动。观众以在甲直播间购买化妆品的价格，可以在乙直播间买到正品化妆品和赠送的化妆品小样，而且买得越多，获赠越多。因此，观众受到了乙直播间的吸引而购买了乙直播间销售的化妆品。通过赠品，乙直播间降低了该观众对甲直播间的忠诚度，使其成为自己的新粉丝。

我有一位学员在直播间直播时大量派发产品小样，几场直播后吸引了一位感兴趣的代理商，直接支付 12 万元成为产品代理，一起经营产品。

赠品促销还具有刺激消费的作用，刺激观众向更高的消费档次转移，购买平时不常买甚至不会买的产品。例如，某主播售卖比较高档、昂贵的精品手表，虽然吸引了很多观众的围观，但转化率却很低。面对这种状况，该主播决定开展赠品促销活动，通过赠送精品手链、手环等产品来降低观众购买高档产品的心理压力，刺激他们的消费欲望，从而增加直播间的产品销量。此外，赠品促销还能够保证观众对该产品的忠诚度，鼓励观众再次甚至多次消费。

知识主播也可以选择赠品促销的方式刺激观众消费。例如，知识主播在销售自己的训练营课程时，可以赠送配套的电子书、资料包及学员分享案例等，从而增加产品的价值，提升产品的销量。

如果主播通过这种方式销售产品，那么在直播过程中除了要展示产品以外，还要展示赠品促销活动中涉及的赠品。具体而言，赠品一般分为两种类型，其展示的方法也有所不同。

（1）与产品同系列的赠品

与产品同系列的赠品，往往是主播开展赠品促销活动时首选的赠品。例如，某主播在销售某系列香水时设计了一系列赠品促销活动：该系列香水共 6 瓶，观众每购买 1 瓶香水，可以选择 1 个小样；购买整个系列的香水，除了可以获得整套香水小样之外，还可以获得精美礼品卡和礼盒包装。

同系列赠品与产品的关联性很高，更容易获得观众的喜爱。同时，由于在介绍产品阶段，主播已经介绍了同系列的各类产品，因此不必再介绍赠品的特性、适用场景等，只需展示赠品的包装、容量等。

（2）与产品相关联的赠品

将与产品相关联的产品作为赠品也是不错的选择。例如，在销售精品手表时，可以将替换表带作为赠品；在销售笔记本电脑时，可以将电脑包作为赠品；在销售手机时，可以将手机壳作为赠品等。

这类赠品与产品密切相关，主播在展示赠品时可以将其与产品结合起来。例如，在展示赠品手环时，主播可以在一只手上同时佩戴手表与手环，在另一只手上只佩戴手表，使两只手形成对比，展示手环与手表一起佩戴更加漂亮，从而凸显赠品的价值。同时，主播在展示赠品时也要讲明赠品的正常售价，以便观众认识到赠品的价值。

总之，主播在直播中涉及赠品时也要重视赠品，展示赠品的特点、与产品的适配性及价值等。一些对产品犹豫不决的观众在看到赠品的价值后，往往会迅速下单，实现成交。

7.6　展示销量：晒出销量数据，好货看得见

在观众的心中，衡量产品是否值得购买的一大标准就是产品的销量。因此，主播向观众展示产品销量，能够在一定程度上坚定观众购买产品的决心。主播可以用销量图的形式展示产品的销量，但是需要注意以下两点。

（1）产品销量图要真实

一些主播为了提高自己的产品销量，往往会通过不正当手段伪造销售数据，然后晒出伪造的销量图以吸引观众消费。这种欺诈手段是主播必须要摒弃的。要想长久地通过直播获利，主播就要与观众进行诚信沟通。最好能实时显示成交情况，在炒热直播间气氛的同时坚定观众购买产品的决心，如图7-2所示。

因此，主播在晒销量图时一定要保证真实性，做到诚信经营。真实的销量图有助于主播与观众建立信任关系。同时，销量的不断提高也是直播间的一种正向宣传，有利于观众的留存。

图 7-2　直播间实时成交情况

（2）销量图的选取要合适

所谓合适的销量图，就是时间比较近、数据比较高的销量的截图。在选择上，主播可以借助直播活动、购物节等时机展示这些特殊时段的高销量。在平时，主播也可以筛选出每周或每月销量最高的销量图进行展示。

总体来说，主播晒出销量图是一种不错的提升人气和转化率的方法，能够让观众看到产品的受欢迎度，从而在从众心理的驱使下购买产品。

挖掘需求：
观众的痛点就是主播的爆点

观众需要一个理由说服自己下单，这个理由可能是观众的刚性需求，也可能是主播提供的软性需求。激发和调动观众的需求是主播的必备技能，本章将介绍挖掘观众需求的方法，以供读者参考。

8.1 趁热打铁：激发观众强烈的购买欲望

一部分观众在观看直播时存在明确的需求，对主播推荐的产品存在强烈的购买欲望。这部分观众是主播的核心观众。对于这些观众，主播应引导其快速下单，同时注意做好观众的留存。具体而言，主播需要做好以下三个方面的工作。

（1）提升观众的购物体验

在留存观众方面，主播首先要提升观众的购物体验。除了在观众购买时为其提供周到的服务以外，主播更要保证产品的质量，并让观众了解产品的性价比。主播在介绍产品时要强调产品的优势，同时帮助观众货比三家，强调自家产品和其他同类产品相比所拥有的价格优势、功能优势等。这样不仅能激发观众果断下单的冲动，还能增进观众对主播的好感。

（2）通过多种优惠留存观众

对产品有明确需求的观众是主播最核心的目标观众，主播需要提高这部分观众的转化率，实现二次转化，甚至多次转化。在这方面，主播不仅要在观众初次转化的过程中提醒其关注直播间的各种优惠，也要向已经购买产品的观众发放多种优惠券，如同系列产品的 8 折购物券、直播间红包、10 元代金券等，以吸引观众二次消费。在多重优惠的吸引下，这部分观众很可能会成为直播间的忠实粉丝。

例如，我在 2020 年时曾推出一款年卡，会员价 520 元。2021

年时，我将这款年卡涨价到 1980 元，然后我做了一个促销活动：凡是 2020 年买过年卡的人，2021 年续费，只需要再花 1000 元。跨年直播当晚推出这个活动时，年卡就卖掉了近 100 份，销售额接近 10 万元。

2022 年，我的这款年卡定价依然是 1980 元，然后依然保留了老客户可以 999 元续费的活动，有非常多的客户进行了复购。

知识产品不是一次性成交的，它需要长期留存客户，让他们持续订阅。因此，我们就可以采用这样的年卡复购策略，通过优惠续费、半价续费等优惠活动吸引客户长期留存。

此外，补差价策略也是我经常使用的优惠方式。例如，我在 2021 年初推出了一款价格为 1980 元的年卡，然后在 2021 年底推出了一款价格为 9800 元的产品。为了让这款产品更有吸引力，我使用了一个补差价的策略：如果购买过年卡的观众现在购买这款产品，可以抵扣年卡的费用，即 1980 元。这款产品一开卖就销售了 100 多份，销售额直逼百万元。

这是一种老客户特惠的优惠方式，它可以让一些忠诚度高的老客户持续产生复购，提升黏性，长期留存。

（3）拉近与观众的距离

一味地推销产品很难给观众留下深刻的印象，难以转化并留存观众。因此，主播要注意维护与观众的关系，拉近与观众的距离。这样当观众需要购买产品时，就会更愿意到主播的直播间里购买。

在这方面，主播可以通过讲述自己的故事与观众拉近距离。

例如，某销售美妆产品的主播也是一位美妆达人，她在推荐产品的过程中会和观众分享自己的美妆心得，讲解化妆技巧，以此拉近与观众的距离。同时，对于观众的各种提问，该主播也耐心解答，甚至收集观众的问题，通过专场直播为观众答疑解惑。长此以往，观众感受到了该主播的真诚，也更愿意在其直播间消费。

除了讲故事，主播还可以进行情感投入，与观众拉近距离，如分享自己的日常生活、心情、价值观等。

人们不会和陌生人分享自己的喜、怒、哀、乐，只会和自己的朋友分享。如果主播能将直播间的观众变成自己倾诉的对象，那就证明主播已经和观众成为朋友，距离自然也就近了。

我在直播行业是一个公认的非常有温度的主播。我经常在直播间和观众分享自己最近开心或不开心的事情，从情感上影响观众。例如，有一次我因为遇到了一件很麻烦的事情而感到很难过，就直接在直播间落泪感伤，这让我的观众看到了我很真实的一面。

此外，我还会分享一些对热点事件的看法，例如，我非常喜欢或非常憎恶的一些人的做法等，从而让我的形象更加生动、立体、真实。这样的情感投入让我和直播间的很多观众成为朋友，关系更加亲近了。

总之，对于需求明确的核心观众，主播不仅要引导其购买产品，更要通过一系列方法留存观众，将其转化为直播间的忠实观众并实现多次转化。

8.2 具体化：使观众的购买欲望变得明朗

一些观众在观看直播时需求不明确，对产品的购买欲望也不强烈。他们往往只有一个笼统的需求，如想要买一些应季的衣服、智能家电等。但对于具体买哪一件产品，他们往往没有明确的答案。对于这部分观众，主播需要做的就是将他们的需求具体化，帮助其明确自己的需求。

主播首先要从这部分观众的笼统的需求入手。例如，观众的需求是"美化生活环境"，在不确定观众具体需求的情况下，主播可以向观众推荐一些智能扫地机器人、干湿两用吸尘器等智能家居产品，或者向观众推荐一些制作精良的居家摆件，再根据产品的销量进一步判断观众的喜好。这样层层递进、逐步锁定观众的兴趣点后，主播就可以根据其需求准确地向其推荐产品了。

作为知识主播，也要明确观众在细分领域的细分需求。例如，我曾经有一个卖得非常好的课程叫"演讲成交力"，这个课程就是针对许多主播成交能力不足的痛点设计的。

许多人很会讲话，可以在直播间侃侃而谈几小时，将产品的材料、生产地、特性描述得非常好，但是产品的销量却不尽如人意。这是因为他们的成交能力弱。于是，我针对这个细分的痛点主打如何提高成交能力而开设课程。很多有类似问题的观众被吸引来下单，"演讲成交力"这个课程也成了一款爆款产品。

此外，主播也可以从产品的实际应用出发，为观众营造一个具体场景。例如，主播推销的产品是自动香薰机，那么主播就可以给这个产品营造场景："大家每天下班之后是不是都很疲惫？当你忙碌了一天后回到家中，打开这个香薰机，柔和、清香的气味会缓缓充满整个房间。在这种柔和气味的包裹下，大家能够放松身心、舒缓神经，感受到家的温暖。"

这样具体的场景营造能够让观众对美好生活产生向往，使观众明确自己需要的就是主播推荐的产品，进而购买该款产品。总之，对于这部分观众，主播要做的就是通过给他们提供建议帮助其明确需求，代入场景，实现直播转化。

8.3 另辟蹊径：为观众创造购买需求

有一类观众在观看直播时没有购买产品的想法，或者并未意识到自己的需求。对于这些观众，主播可以将其细分为以下三种类型，有针对性地为观众创造购买需求。

（1）存在痛点，但不明确

一些观众对某些产品不感兴趣，并不意味着其真的没有需求。主播可以转换沟通的角度，以痛点激发观众的需求。

某彩妆主播曾在直播间推荐一款男士护肤品。由于其观众多为女性，因此该主播在推销这款护肤品时的推荐语是"买给你们的男朋友，这个真的好用又划算"。没想到直播间的观众并不买账，纷纷评论："他不配，下一个。"最终，这款男士护肤品的销量十分惨淡。

后来，该主播又推荐了一款男士沐浴露。在介绍完沐浴露的特点后，主播还强调了这款沐浴露的价格实惠，并对观众说道："给男朋友买便宜的，他就不会再用你的贵的沐浴露了。"主播的这句话让许多观众忍俊不禁，并觉得十分有道理，于是纷纷下单。因此，这款男士沐浴露获得了不错的销量。

该主播直播间的观众多为女性，一般来讲，她们对男士产品是没有需求的，该主播要想推销出产品，就需要为她们创造需求。在推销男士护肤品时，只是价格划算还不能让女性观众对此产生需求。而在推销男士沐浴露时，该主播找到了女性观众的痛点，表示"给男朋友买了这个沐浴露，他就不会偷用你的了"。这种从女性观众的痛点出发的表述得到了女性观众的认可，同时激发了她们对男士沐浴露的需求。

（2）看重价格优惠

一部分观众追求实惠，看重产品的价格，折扣产品和直播销售中的优惠活动能够激发他们的购物欲，因此主播可以据此为观众创造需求。主播需要详细讲明直播间优惠活动的细则，如哪些产品有折扣、满减活动具体如何参加等；同时可以打出"厂家直销""限时一天"等标语，吸引这部分观众购买产品。

①折扣优惠

折扣优惠是指在原来价格的基础上直接降价。例如，原价100元的产品，5折优惠，只卖50元。这是最常见的优惠策略，主播可以将其与限时、限量等方法配合使用，以更好地调动观众的积极性。

② 涨价策略

涨价策略是指在现价的基础上涨价，以让观众更快地接受现价。例如，明天产品就会涨价，只能现在在直播间享受这个价格。涨价策略是一种非常好的优惠策略，它可以给观众施加紧迫感，让他们更快地做出决策。

③ 买一送一

买一送一是指买一件产品送一件同款产品。例如，现在购买课程年卡，可以享受两年的服务。买一送一可以给观众物超所值的感觉，让观众觉得自己花钱买到了更多的东西。

④ 拼单优惠

拼单优惠是指多人下单比单人下单更便宜。例如，邀请 5 个好友拼单，每人都可以打 8 折。这种优惠方式不仅可以增加销量，还可以扩大产品的影响力，为直播间增加更多粉丝。

为什么很多观众都会被价格优惠吸引呢？这是因为人们都有追求实惠的心理。人们并不喜欢买本身便宜的东西，而是喜欢用超乎寻常的低价买到原本价格很高的产品。因此，主播通过重新制定价格策略，可以让观众产生这种实惠的感觉，从而消除犹豫，加速下单。

（3）从众心理

一部分观众追求认同感及社会归属感，希望跟随大众的脚步购买销量多的产品。这都是观众的从众心理在起作用。对于这一类观众，主播就要给产品制造爆点，强调自己推销的产品是爆款产品，销量远超同类产品。这种推销对这类观众具有很大的吸引力，观众也会积极地购买这些爆款产品。

　　例如，我们去吃饭，一般都会选择那些排长队的餐厅。很多人宁愿排长队等候 1 个多小时，也不愿意去另一家不排队的餐厅。这是因为人们认为排队的人越多的餐厅，饭菜越好吃，所以排队的人只会越来越多。

　　同样，直播也可以利用从众心理唤起观众的购买欲。例如，我们在直播推荐产品时可以这样说："很多人都购买了这款课程，反馈非常好。"同时，我们还可以通过展示一些已购客户的评价来增强说服力。

　　总之，即使观众没有购买产品的想法，主播也可以为他们创造一个需求。主播可以从产品本身或观众的购物心理出发，对观众加以引导，激发观众的购买欲望，实现产品销售。

8.4　聚焦客群：带货主播选品是门学问

　　对于带货主播而言，选品是一个十分重要的环节，不仅能影响产品的销量，还能影响主播的声誉。在选品环节，主播既要关注观众的需求，选择深受观众青睐的好物，也要保证产品符合自己直播间的特性，使自己的直播定位更明确。

主播在选品环节的误区

　　主播在选品环节容易陷入以下三个误区。

（1）感性选品，没有规划

一些主播在选品时过于感性，没有规划，导致直播销售的转化率难以提升。主播的感性选品主要有以下三种表现。

① 主观式选品，即主播只选自己喜欢的产品，而不考虑观众的喜好。

② 跟风式选品，即什么产品火爆，主播就选什么产品，而不考虑自己的人设和直播间风格。

③ 独孤式选品，即产品之间无关联，直播过程中无法激发观众的关联需求。

（2）盲目追求高佣产品

盲目追求高佣产品也是很多主播在选品过程中的通病，以为佣金越高，自己能拿到的酬劳也就越高，却忽视了高佣金产品背后可能存在的隐患。高佣金产品往往有以下两个特点。

① 单价提高

很多商家的高佣金其实是变相提高产品单价，看似主播的佣金高，但是过高的产品价格会导致购买人数减少。

② 产品的品质低

高佣产品有可能质量较差，这样会导致主播的售后风险变大，不利于长期发展。

（3）低价秒杀，贯穿全场

秒杀、低价是大多数主播常用的促销策略。但是，一味地打价格战，既不利于提升观众的黏性，也无法长期维持。甚至有些直播间用低质换低价，导致差评增多，最终得不偿失。

主播规避误区的选品技巧

主播在选品时一定要注意规避以上三个误区，同时根据观众需求和直播间的特性谨慎选品。因此，主播可以采用以下几种选品技巧。

（1）选择应季产品

很多产品都是应季的，能够满足大部分观众的需求。例如，主播在冬季销售羽绒服，在夏季销售夏凉被。同时，由于阶段性需求爆发，应季产品往往可以在阶段内获得高销量。

（2）选品与直播间特性一致

很多直播间都有自己的风格、聚焦的领域，主播在选品时一定要注意直播间的特性。例如，某主播是一名知识分享型主播，其观众也多为热爱学习的学生、喜欢读书的职场人士等，那么主播的选品就需要符合直播间的特性，培训类课程、某一细分领域的专业书籍等就是十分符合该主播直播间特性的产品。

（3）选品领域一致

运营成熟的直播间往往有垂直的定位，如定位于美妆知识领域、数码科技领域等。主播在选品时，要保证所有产品同属于某一细分领域。例如，美妆主播可以选择不同品牌的化妆品、护肤品等。如果主播选择的某些产品与以往产品的品类大不相同，则容易引起观众对主播的质疑，有损主播与观众的信任关系。

（4）选择高热度的产品

高热度的产品往往能够带来更多关注和更高的转化率。在选择高热度的产品时，主播一定要紧跟当下趋势，借助热点提升产品的销量。例如，美妆领域的主播可以关注当下哪些知名品牌发布了新品，借品牌宣传热度在直播间销售产品；数码科技领域的主播也可以关注手机、电脑等新品，通过新品测评提高直播间转化率。

8.5 好物推荐：主播的人工推手

很多时候，一些人对主播销售的产品存在需求，但直播间却难以与这部分人建立连接。因此，主播需要通过微信公众号、微博、小红书等多个平台进行好物推荐，为直播间引流。

例如，主播可以在这些平台发布文章，实现引流。值得注意的是，主播发布的文章需要展示出核心价值，即人们看完这篇文章后可以获得什么。这样的价值可以是主播提供的干货、指南，也可以是主播提出的观点、解决方法，总之一定要引起读者的共鸣。至于主播给出的解决方案，当然就是直播间的某样产品。如果读者被主播描述的场景吸引，需求被激发，便会进入直播间观看直播并下单。

　　小然是一名经常出外勤的律师，夏天即将到来之际，她非常苦恼自己的护肤问题。此时，她在小红书看到了某主播发布的文章"还在为夏天晒黑而烦恼吗？防晒好物推荐来了！"。这个标题正是表达了小然目前担忧的问题，于是她点进文章开始浏览。

　　主播在文章中为各种肤质的人推荐了不同的防晒品，行文流畅、逻辑清晰。小然很快就找到了自己肤质对应的防晒品，并且惊喜地看到这款产品在直播间有 7 折优惠，于是来到该主播的直播间观看直播并下单。

　　除了在多平台发布文章以外，主播也可以直接在直播过程中推荐好物。例如，主播在推荐一款智能扫地机器人时可以说："我自己也在用这款智能扫地机器人，不仅清洁能力强、续航时间长，而且十分静音，使用体验真的很好。"介绍完产品后，主播还可以现场展示智能扫地机器人的使用效果，提高观众对产品的信任。

　　相比文字，直播展示的效果更能赢得观众的信任。同时，基于观众对主播的信任，主播使用过、认证过的产品也更能激发观众的购买欲。

8.6　产品评测：带货主播的天然媒介

在一场直播中，主播可能会介绍同品类的多种产品。在这种情况下，怎样才能凸显不同产品的特点，帮助观众明确需求呢？答案就是进行产品评测。通过产品评测，主播可以展示不同产品之间的区别，同时明确不同产品的适用人群，帮助观众明确需求。

那么，主播应怎样进行产品评测呢？以不同款式的羽绒服评测为例，主要包括以下几个步骤。

（1）现场展示与检测

主播需要分别展示不同款羽绒服的样式、前后外观等，再对每一件羽绒服进行检测。检测的内容包括是否有线头、是否跑绒、是否易浸于水等，并逐一做出评价。

（2）细节展示

在细节展示环节，主播需要展示不同羽绒服的设计细节，包括 Logo、袖口、拉链、口袋、帽子等设计，同时也需要讲述羽绒服的材质、洗涤方式等。

（3）样衣展示

在这个环节，主播可以逐一穿上羽绒服展示上身效果，根据自身感受做出重量、保暖度等多方面的评价。根据羽绒服的款式，主播可以对其进行分类，如哪些适合高个子人群、哪些适合微胖人群等，帮助观众更精准地做出选择。

（4）穿搭教学

不同款式的羽绒服的搭配也不一样。在评测最后，主播可以给每一款羽绒服设计一套穿搭方案，并分别上身展示。因此，观众也可以根据自己喜爱的穿衣风格选择自己最想购买的那款羽绒服。

总之，通过评测，主播需要区分同类产品的不同特点，并给出购买建议，帮助观众最终做出选择。

在抖音上销售高价格的奢侈品，也是从每个细节展示，引导观众下单。主播作为天然的媒介，要帮助观众拆解每个细节，甚至从拆快递包裹的体验开始替观众感受。

8.7　数据复盘：聆听观众的声音

直播销售是一个完整的过程，直播结束并不意味着主播的工作就结束了。在结束直播后，主播需要进行数据复盘，以此增进对观众的了解，明确观众的需求，以期使后续的直播更完善。主播可以通过以下方面开展更科学、更高效的数据复盘。

（1）基础数据

以抖音直播为例，主播需要关注以下五项基础数据，如图 8-1 所示。

图 8-1　抖音直播基础数据

① 收获音浪

音浪收入是主播收益的一个组成部分。观众通过充值获得代币，购买虚拟礼物赠送给主播。音浪数据可以显示主播直播间的受欢迎程度，数据的增长与下降可以反映主播人气的变化。

② 观众总数

观众总数是直播销售数据中比较重要的一项数据，其决定了主播的流量池等级。流量池等级的高低决定了直播间是否能获得推荐，能否让更多人看到。以观众刷抖音为例，当观众不断刷新推荐页，经常刷到某主播正在直播的画面内容，同时画面出现

"点击进入直播间"的引导字样，这时观众很容易被兴趣引导而进入直播间。当进入直播间的观众数量足够多时，直播间的观众总数便会获得可观的增长，主播收益也会有所提升。

③新增粉丝

抖音的直播推荐算法主要通过点赞数量、互动频率、转发数量等指标来对一个直播间进行衡量。主播需要通过引导观众转发、多与观众互动等方法提高这些指标，以获得更大的被推荐概率，吸引更多观众进入直播间，从而转化为直播间的忠实粉丝。

④付费人数

一些观看直播的观众可能会给主播送礼物，为主播付费。同时，观众通常会选择购买产品来支持主播。因此，此项数据在复盘时参考性较弱。

⑤评论人数

本项数据代表直播间的观众互动情况，将评论人数与观众总数相除，互动比例在 5% ~ 10% 较正常。如果互动比例低于 5%，主播就需要思考是不是产品对观众的吸引力较小。

（2）观众来源

观众来源是主播进行复盘的一项重点数据，只有清楚观众从哪个渠道被吸引进直播间，才能对症下药，开展更有针对性、更高效的优化策略。以某主播的抖音直播数据为例，直播的观众来源通常包括直播推荐、其他、同城、关注及视频推荐五个方面，如图 8-2 所示。

图 8-2　抖音直播的观众来源

① 直播推荐：观众来源中占比最大的部分，可以说大多数观众都是通过直播推荐、直播广场等入口进入直播间的。主播可以通过引导观众互动，提高直播间的热度，如鼓励和引导观众发送弹幕、点击关注、点赞等。

主播在直播时往往会重复说一些语句，如"关注直播间下单后可以进行抽奖""如果你觉得这件产品不错，请点一下小心心"等。这样是为了提升直播间的点赞量与互动率，以获得直播广场中更高的推荐位。

② 其他：包括 PK 连麦及小时榜。主播可以与流量高于自己的主播进行连麦，来达到引流的效果。

③ 同城：主播需要打开定位系统，精准吸引同城观众进行观看。

④ 关注：主播需要拥有固定的直播时间，吸引已经成为粉丝

的观众定时观看。

⑤ 视频推荐：主播可以选择在直播前发布预热视频进行引流，吸引更多观众观看直播。

（3）四项重点数据

除了以上数据之外，主播还需要关注观众停留时长、平均与峰值人气、产品转化率及 UV 价值四项重点数据，以便对直播进行更深层次的评价与考量，如图 8-3 所示。

图 8-3　四项重点复盘数据

① 观众停留时长

观众停留时长是衡量直播间吸引力的重要指标之一。观众的停留时长可观，代表主播的直播技巧与产品选择都相对出色；反之则不然。观众在直播间的停留时间越长，越有可能产生购买行为。主播可以通过发红包、互动抽奖等方式留住观众，尽量提高观众的停留时长。

② 平均与峰值人数

平均人数可以作为一个指标，衡量直播间人数的波动区间，用于观测峰值与低谷分别出现在何时，并分析数据低谷是不是因

为产品选择不当或直播气氛低迷，以及数据峰值是不是因为产品
或活动大受欢迎。

③ 产品转化率

用下单人数除以观看总数即可得到转化率。此数据是衡量直
播间收益的关键指标，也从侧面反映了主播能力的高低。

④ UV 价值

随着流量越来越贵，引流成本逐渐增加，主播除了需要分析
如何增加观众总数以外，还要关心如何让每个引流来的观众完成
转化，实现更高的价值。UV 价值意为访客价值，其公式为 "UV
价值 = 销售额 / 访客"。其中，销售额包括产品的成交额和观众为
主播刷礼物的金额。主播需要做好观众维护，在有限的成本上实
现更高的价值。

复盘意味着一次直播的结束，并且能够为下次直播提供更多
经验。在直播结束后进行复盘，主播可以从第三人的角度客观地
审视自己在直播过程中的表现，从而总结经验与教训，以便下次
直播时能够做得更好。

8.8 视频号直播复盘：流量分配并非玄学

很多人在视频号直播时不懂得流量变化的内在逻辑，将直播
间流量的多寡视为玄学，每次直播都是尽人事、听天命。事实上，
我们通过对直播数据的记录和研究，可以发现直播流量的逻辑算

法，如表 8-1 所示。

表 8-1　视频号直播流量观测表

直播时段	开播	5 分钟	15 分钟	30 分钟	60 分钟	90 分钟	120 分钟	下播
时间点	20:29	20:33	20:45	20:59	21:29	22:05	22:42	23:09
看过人数	44	86	219	544	1246	2191	3507	4230
在线人数	39	55	99	120	142	147	131	109
话题内容	刚开播	发红包	干货	干货	连麦	连麦	干货	结束

任何一个平台，都不会无缘无故地给主播分配流量。平台能给主播流量，代表主播对平台有价值。怎样的主播对平台有价值呢？答案是能够帮助平台留存用户的主播。换言之，热度越高的主播，越能留存用户。

直播间热度又是怎样衡量的呢？可以用六个具体的数据衡量直播间的热度，这六个数据分别是直播时长、在线人数、礼物量、点赞量、评论量及订单成交量。

（1）直播时长

直播时长是一场直播的时间总长度。根据视频号的规则，低于 30 分钟的直播时长不算有效直播天，所以建议每场直播要达到 1 小时以上。

直播时长是主播为平台贡献内容的硬指标。只要主播在平台上开播，就是在给平台贡献内容和时长。主播贡献的内容和时长越多，平台给主播推送的流量就会越多。

（2）在线人数

在线人数分为实时在线人数和最高在线人数两种。实时在线人数代表直播间当下的人气，最高在线人数是直播间在线人数的峰值。主播在直播间页面可以看到实时在线人数，只能在下播之后的数据里才能看到最高在线人数，如图8-4所示。

图8-4　最高在线人数数据

还有一个数据就是平均在线人数，这个数据可以基本确定主播的铁杆粉丝数量。其实，从某种意义上说，平均在线人数更能反映主播的能力。

此外，还有累计观看人数和新增关注。累计观看人数可以反映一整场直播共有多少人进入过直播间，也就是观看直播的总人数，如图 8-5 所示。进过直播间的人越多，证明直播间的人气越高，关注度越高。新增关注可以反映一场直播有多少新粉丝关注了主播，如图 8-6 所示。新粉丝越多，证明主播的获客能力越强。

图 8-5　累计观看人数数据

图 8-6　新增关注统计数据

主播可以通过观测在线人数，了解自己的粉丝黏度，然后定期对比分析，观察这个数据是否有所增加，这样就可以看出粉丝群体有没有扩大。

（3）礼物量

观众给主播送礼物能够很大程度提升直播间的热度，而直播间的礼物量也影响着直播间所能获得平台推送的流量。以下是我某场直播的观众送礼数据，从中可以看出哪位观众付费最多，与我的亲密度最高，如图 8-7 所示。

图 8-7　某场直播的观众送礼列表

（4）点赞量

点赞量就是观众点击直播间右下角大拇指的次数。关于直播间点赞，有一个隐藏的功能：只要 50 个人同时点赞，就能召唤出掌声。掌声召唤出来，整个直播间的气氛立马就活跃了。

（5）评论量

直播时会有一个实时显示聊天画面的公屏，也就是评论区。评论量是一个非常重要的数据指标，观众愿意在公屏上评论就代表他们有互动意愿。直播间公屏上的评论越多，直播间的气氛就越活跃，主播和观众之间的连接就越紧密。

（6）订单成交量

订单是粉丝忠诚度和主播热度最直接的体现。观众对主播的认同，最直接的表现就是购买主播带货的产品。在直播领域，带货是最直接的变现方式。淘宝、快手、抖音都用 GMV 作为衡量主播价值的指标，视频号也不例外。

影响订单成交量的因素有两个：一个是订单数，另一个是订单金额。订单金额当然越大越好。但如果订单金额一时难以有所提升，那么主播可以先致力于提高订单数，因为订单数背后关联的是观众转化率。

以上六个数据直接影响直播间的热度，而热度的高低又会直接反馈在场观上。任何直播平台都有一些指标来衡量直播间的质量。直播间的热度越高，代表主播留存观众的能力越强。对于平台来说，能够给平台加分、帮助平台留住用户的直播间就是优质直播间。平台也一定会把流量向这样的优质直播间倾斜。

因此，主播要针对以上六个数据指标不断复盘，提升自己直播间的热度，这样才能获得更多平台分配的流量。

宣传预热:
吸引更多观众关注

　　宣传预热是直播的重要环节。如果主播精心准备了直播内容,设计了丰富的直播活动,却没有吸引足够的观众,那么直播也难以完成更多转化。因此,主播有必要做好直播的宣传预热,为直播造势。本章将介绍五种预热活动设计方法,供主播参考。

9.1 产品造势：用热销产品吸引观众

直播宣传预热要展示直播的核心内容，展示直播对观众的吸引力，以便调动观众观看直播的积极性。在这方面，以热销产品为直播造势是宣传预热的重要手段。

众所周知，每年的"双十一"购物节是电商的狂欢盛宴。而在某年"双十一"购物节，为了引爆销量，天猫提前一个月就开启了预售模式，为之后的正式活动做宣传预热。天猫推出了一个广告，在广告中列举了三位新兴人类——"自鸽星人""柠檬星人""焦绿星人"，用搞笑、幽默的方式揭示了当代人的真实生活。

想购买某种产品，但因为不断拖延，到产品下架时仍未购买，这是"自鸽星人"的日常；手速慢，抢不到自己中意的产品，只能在别人晒出购买成功的截图时暗自悔恨、羡慕，这是"柠檬星人"的日常；朋友的生日即将到来，但不知道买什么礼物，这是"焦绿星人"的日常。这些情况是人们在购物时各种心理的真实展现。在列举了这些生活实例后，天猫展示了"双十一"的活动时间，提醒各位观众做好抢货的准备。

同时，为了进一步宣传"双十一"活动，天猫又精心挑选九个知名的热销产品，编写了《大促冲刺班——美妆精选词典》，提前告知观众部分活动产品，在激发观众购物需求的同时也激发了观众对其他产品的猜想。

天猫通过对火爆产品的提前预告，使观众知道了这次活动的产品有哪些，借助观众对产品的种草又一次吸引了观众的关注。这种宣传方式同样也可以应用到直播销售中，主播可以通过预告部分产品的方式进行直播的宣传预热。

　　同时，主播在预告产品时要注意调动观众的好奇心，只展示直播内容最有吸引力的一部分。这部分可以是极具卖点的产品，如知名明星代言、热销限量款产品等，也可以是对某款火爆产品的亮点进行介绍，总之一定要展示直播的吸引力，以便吸引更多观众。

9.2　福利吸引：展示超值优惠的稀缺感

　　直播的超值福利宣传能够吸引更广泛的观众。在通过这种手段进行宣传预热时，主播需要通过一系列福利的超值性、福利产品的稀缺性等营造出优惠活动的稀缺感。

　　例如，某主播和某化妆品品牌进行联合直播。因为这次直播所售的产品是由品牌商直接供货给主播，没有中间商赚差价，所以产品的价格远低于市场价格。该主播的直播预告文案如下。

　　今晚直播中将会抽取 10 人送出第八代 iPad，抽取 5 人送出华为 Mate 40E Pro 手机，抽取 1 人直接送万元红包。但这并不是今晚直播的最大福利，最大福利是 × × 品牌彩妆套装历史最低价上线直播间，每名观众都有机会，买到就是赚到，今晚 7 点等你来拿！

该主播首先用诱人的抽奖活动预告吸引观众的目光，接着话锋一转，表示这并不是直播中的最大福利，直播中最大的福利是让所有观众都能以历史最低价格购买 ×× 品牌彩妆套装。通过文案中的寥寥数语，观众的好奇心被充分调动起来。但是，该主播并没有说明产品的价格，这更让观众对直播充满了期待。

在直播预告中预告福利的目的是让观众对直播产生期待感，刺激观众观看直播。为了增强直播的吸引力，主播要营造出该福利的稀缺感。当产品在价格方面存在优势时，主播可以低价作为福利预告的重点；当产品在稀缺性方面存在优势时，主播也可以此作为营销重点，营造出该福利的稀缺感。

例如，某主播和一家知名的化妆品品牌达成合作。品牌商除了提供一些经典的彩妆产品以外，还提供了 1000 支限量款口红，并赠送口红小样。因为这款口红十分受欢迎，在很多地区都卖断货了，所以该主播就在直播预告中重点介绍了这个福利："限量款 ×× 口红惊喜来袭，限量 1000 支，买口红送小样，抢到就是赚到！"

该主播在直播预告中突出了"限量款口红""限量 1000 支""买口红送小样"等惊喜福利，营造出了福利的稀缺感。这在吸引更多观众关注的同时，也极大地激发了观众的购物欲望。

当主播可以给予观众超值福利时，就可以从福利的稀缺性出发，发布福利预告。无论是"历史最低价"，还是"限量款产品"，都可以营造出此次福利的稀缺感，让观众对直播充满期待。

9.3　邀请有礼：活跃老观众，吸引新观众

邀请有礼是主播吸引观众的常用宣传方式。通过这种宣传方式，主播既可以活跃老观众，又可以吸引更多新观众。在通过这种方式进行宣传预热时，为了保证效果，主播一定要尽可能提高开展邀请有礼活动的力度，为观众提供实实在在的优惠。

主播可以通过以下两种方式开展邀请有礼活动。

（1）使用邀请码

使用邀请码是一种相对烦琐的邀请方式。老观众使用邀请码邀请新观众时，双方都需要记录邀请码，而且还要通过指定渠道填写邀请码。因此，邀请码的应用场景相对较少。

那么，哪些场景适用邀请码呢？在为了体现活动的稀缺性时，主播可以使用邀请码开展活动。例如，为了回馈一直支持自己的老观众，某主播精心安排了一场专场直播，其间所有产品将 5 折出售，以表示对老观众的感谢。在这种情况下，为了体现对老观众的重视，主播可以通过向其发放邀请码的方式邀请其参与直播。

（2）分享链接或二维码

分享链接或二维码是开展邀请有礼活动最常用的方式，其优点是方便、快捷，可以在微信、QQ 中快速传播。

通过分享链接或二维码开展邀请有礼活动的流程如下：

① 老观众发起邀请，把邀请链接或二维码分享给新观众；

② 新观众接受邀请，进行注册，参与活动并下单；

③ 新观众注册后可获得奖励，奖励的内容一般为产品优惠券；

④ 老观众邀请的新观众注册和下单后，老观众均可获得奖励，奖励的内容可以是产品优惠券或产品实物。

在通过邀请有礼活动对直播进行宣传预热时，主播需要注意以下两个问题。

第一，老观众邀请新观众的积极性可能不是很高。因为老观众只能在邀请新观众成功后才可获得奖励，而如果主播提供的优惠力度不够，那么老观众邀请新观众成功的概率就会较低。

第二，新观众接受邀请的概率和主播提供优惠的力度成正比，如何以较低的投入获得最大的宣传效果是主播需要认真思考的一个问题。

为了解决以上两个问题，主播要设置合理的老观众奖励机制，让老观众在发起邀请后就可以获得一个小奖励，这能够让老观众获得即时的满足感。同时，如果老观众发起邀请时总是获得相同的奖励，那也会挫伤老观众持续邀请新观众的积极性。对于这个问题，主播可以用两个办法解决。第一，主播可以把老观众奖励改为随机奖励。第二，老观众邀请的新观众越多，获得的奖励也会越多，主播可以为老观众设置阶梯式奖励规则。

除了设置合理的老观众奖励机制以外，主播也可以将新观众的奖励设定为随机奖励，如最高获得100元无门槛优惠券等。主播可以通过控制优惠力度和中奖比例来控制活动成本。

邀请有礼活动的宣传效果与主播的设计方式密切相关。主播在开展该项活动时，一定要使用好各种小技巧，这样才能够将活动的宣传效果最大化。

9.4　观众拼团：引流型产品助力观众数量增长

以优惠著称的拼团活动能够激发观众的购物热情，促使其积极分享拼团链接，吸引更多人参与到活动中。因此，主播可以改变销售形式，创建拼团活动。

刘畅是某平台的知名主播，通过长期的直播积累了一些忠实观众。直播间的销售数据也十分亮眼。为了进一步提高直播间的销量，2021 年"双十一"前夕，刘畅决定组织一次拼团活动，借节日之机激发观众的购物热情。于是，刘畅在 11 月 5 日的直播中预告了"双十一"当天的拼团活动，活动规则如下。

（1）"双十一"当天以 2 人团的方式开展拼团活动，激励观众迅速抢购。

（2）设置优惠梯度，买得越多，优惠力度越大。例如，观众购买某彩妆套装，1 套的价格为 499 元，2 套的价格为 899 元。

（3）11 月 11 日当天，消费额最高的观众将获得店铺赠送的价值 999 元的美白套装。

（4）在拼团活动中，如果老观众带动了新观众前来参加拼团活动，那么老观众将会获得额外的返利优惠。

除了发布活动规则之外，刘畅还在直播中详细地为观众讲解了参与拼团活动的产品种类、与平时相比的优惠力度等，进一步激发了观众拼团购买的积极性。

通过预告超值优惠的拼团活动，刘畅的直播间吸引了大批观众，在"双十一"当天，拼团活动一开始，店铺的销量就节节攀升。为了进一步刺激观众的购物欲望，刘畅还在直播间以"观众昵称＋所购产品名＋数量"的形式实时晒出观众的购物清单。这种行为极大地活跃了直播间的气氛，也促使更多观众积极拼团下单。

此次活动结束后，刘畅的店铺在 11 月 11 日当天的销量是平日的 3 倍，观众复购率也大大提高。

9.5　浪潮式发售：环环相扣的成交流程

浪潮式发售是一种有流程、有节奏、一环扣一环的成交方式，具体指在产品发售前通过一系列预告、预售活动宣传新产品，以吸引客户注意。在直播的宣传预热阶段，我们也可以采用浪潮式发售，为直播活动造势。

以我做的魅力演讲峰会 12 小时直播为例，我们在直播前 3 个月就开始进行了浪潮式发售，将朋友圈、社群、团队组织的学员都调动起来，让他们关注 7 月 30 日的直播活动。流程分为 4 个阶段。

（1）流量引流

足够的流量是浪潮式发售的基础，如果没有足够的关注度，就很难有势能做发售，也很难成交。因此，为了让 7 月 30 日的直播活动能有更多人关注，我们从 5 月开始就进行了社群交付，在社群中教学员如何做演讲、直播，如何设计线上产品。很多学员在这个过程中受益匪浅，有些学员甚至通过 21 天的私密训练，只用一个多月的时间就利用小课程变现了近 6 万元。

通过这个阶段的干货输出，我们成功吸引了学员的注意。很多学员了解到我们课程的独特价值，而且这些价值是他们在其他渠道买不到的。学员把我的课程推荐给他们身边的朋友，由此一来，关注我们直播的人也越来越多。

（2）留存

吸引了足够多的流量后，下一步就是留存，并保证这些关注直播的人能准时观看直播。我们在这个阶段继续向学员输出干货，教会他们一些有价值的小窍门、小技巧，然后列举一些实际案例，并解答他们的疑惑，告诉他们为什么一定要听我们的课程。这时，不管是老学员还是新学员，都从中获得了价值，更加认同我们的课程。

7 月 3 日时，我们内部召开了一次团队会议，确定了 7 月 30 日 12 小时直播的主题（"万人魅力演讲直播峰会"）及关键节点，包括筹备期（7 月 18 日—7 月 20 日）、宣传预热期（7 月 21 日—7 月 29 日）、发售期（7 月 30 日）、追销期（7 月 31 日—8 月 1 日）。这次会议梳理了直播前最后一个月的预热流程，给团队提供了一个非常好的参考，明确了各个节点的工作和既定目标，保证了在正式直播前热度都不会消退。

此外，我们在 7 月 10 日时做了一次演讲成交的线上课程。当时，我在直播中说我在 7 月底要做一场直播，希望大家跟我一起学习，内容包括在线上怎样做成交、怎样招募第一批团队等，目的是输出一部分干货，让学员能留存到 7 月 30 日。

（3）赋能

在整个直播预热的过程中，我们一直在向学员赋能，即让他们了解我们的课程有什么内容、能提供什么价值。这个赋能在 7 月的线下课中达到了顶峰。

7 月 15 日—7 月 17 日，我们举办了 3 天的线下课程。参与成员主要是最高阶的学员，演讲内容是私教课程的内部密训。很多学员觉得课程内容非常受用，当场就决定支持 7 月 30 日的直播。

这个效果同时也说明：我们做流量直播，要提前花大量时间给学员足够多的干货，让他们学到东西，真正觉得我们的内容能帮到他，这样他才会帮助我们裂变；而不是只依靠福利或奖学金吸引学员，没有实力给学员提供干货是做不长久的。

（4）裂变

做完这 3 天的线下课程之后，我们的团队就已经组建完毕，这些学员成了裂变的主力。加上我紧急录制的宣传短视频，进一步扩大了传播范围，提升了直播预约率。

7 月 20 日—7 月 25 日是集中预约的时间，我们达成了 12000 人的预约量。但是，这时又出现了一个新问题。我们发现预约和进社群的人数不成正比，虽然后台显示有 12000 人预约直播，却只有 600 人加入社群。为了进一步吸引学员加入社群，我们进一步设置了邀请进群的奖励：邀请 5 人入群，可以获得洳冰成长教育年度爆款训练营价值 199 元的"演讲成交力"；邀请 15 人入群，可以获得洳冰成长教育内刊《人生句本》限量版实体书。

这样一个策略吸引了很多学员邀请朋友入群，我们仅用 5 天时间就建立了近 50 个社群，成功保证了直播预约人数和加入社群的人数持平，让 7 月 30 日的直播有了足够的流量积累和热度。

社群的热度是维持一场长达 12 小时直播的势能，只有热度足够高，12 个小时的直播才不会冷场，我们才可能卖出上千元甚至上万元的课程。如果没有做这 3 个月的预热准备，没有足够的热度作为势能，那么即使是 19.9 元的课程也未必可以销售出去。

经过了前 2 个月的铺垫以及整个 7 月的关键节点预热推动，我们在 7 月 30 日的万人魅力演讲直播峰会活动大获成功，完成了600 多万元的预售成绩。

打消顾虑：
如何引导观众快速下单

　　很多主播在直播过程中都遇到过这种情况：即使已经反复强调了产品的优点，观众也表现了一定的兴趣，但他们就是不肯立即下单，依然在观望。而观众表现出观望态度一般是出于以下几种顾虑：产品价格较高，超出预算；产品的功能不够全面；产品的可替代性强等。因此，主播要学会从多个角度出发，通过预设场景、巧设报价、明确产品优势等多种方式，打消观众的顾虑，引导观众快速下单。

10.1 预设场景：激发观众的购物热情

如果主播推销的产品能够满足观众的需求，那么产品的这个特点自然会成为产品的卖点。主播需要加强产品的卖点，激发观众的购物热情，提高产品的销量，如图 10-1 所示。

图 10-1　将痛点转化为卖点的方法

（1）加强卖点，淡化产品的痛点

心理学中有一种光环效应，即当一个人的优点足够多、足够耀眼时，他的一些不足便会被掩盖。对于直播销售来说也是如此，主播可以通过反复强调产品的卖点来淡化产品的不足。例如，一位主播正在推销某款高端耳机，该款耳机的价格昂贵，但是性能十分优越。此时，主播就可以通过反复强调这款耳机的优越性能，展示该款耳机的高性价比，这样就能够淡化该款耳机单价高的不足。

（2）提供附加服务解决产品的痛点

除了强化产品的卖点之外，主播也可以通过增加产品的附加服务来淡化产品的不足之处，让附加服务成为产品的新卖点。

例如，一位主播向观众推销一款饮水机，并且承诺如果因饮水机自身的问题导致饮水机的滤芯使用寿命变短，观众可以联系客服免费更换滤芯，并且凭借订单截图，观众还能够得到每半年一次的滤芯清洗服务。

主播后续提供的附加服务建立在预设饮水机出现质量问题之上，使可能存在的饮水机质量瑕疵问题得到了解决。而提供免费更换和免费清洗这两项附加服务也加进了后续的产品销售中，很多观众听说这两项服务后都表示要优先考虑这个品牌。

（3）观众的需求痛点即卖点

主播可以根据观众的痛点调整产品的卖点。这时主播需要放大观众的痛点，强化观众对产品的需求。

例如，主播在向观众推荐苹果蓝牙耳机时，就通过放大观众的痛点，强化了产品的卖点。有人戏称蓝牙耳机会慢慢地丢干净，先丢一只耳机，再丢另一只耳机，最后充电仓也丢了。因此，对于用户而言，蓝牙耳机最大的痛点就是容易丢失。

针对这个问题，主播在推荐苹果的这款耳机时着重强调了它独有的警报功能。例如，当两只耳机的距离超过 3 米时，该耳机就会在手机上发出智能提示，这在很大程度上能够避免耳机丢失的问题；或者当用户不慎把整个耳机落在某处，它会通过独有的 GPS

定位系统在手机上向用户反映耳机当前所处的地理位置。该主播正是通过预设耳机丢失的场景，不动声色地解决了观众的需求痛点。

10.2 巧设报价：玩转报价"攻心计"

主播在报价时可以利用多种方式给观众一些新鲜感，也可以通过悬念式的报价激起观众对产品的好奇心，让观众积极参与到直播互动中。主播在报价时只要能够把握观众的心态，抓住观众的重点需求，满足观众追求实惠的心理，就能够调动观众的积极性和参与热情，让观众愿意下单。

（1）设定产品的锚点价格

主播要想让观众认为产品物有所值，那么就要为产品设置锚点价格。锚点价格可以让观众对产品现在的价格有一个正确的认知。

实际上，设置锚点价格是利用了价格对比策略，设定一个可供参考的更高价格，让观众感受到产品在直播中的销售价格更加实惠，进而促使观众下单。

例如，主播在直播中向观众推荐了某户外用品品牌的最新款登山鞋，但他没有直接拿出鞋子报价，而是通过引导观众讨论户外运动，将话题引到了登山，进而让大家思考市面上的登山鞋价格范围。在确定了500元左右的价格范围后，该主播拿出了299元的新款登山鞋并反复强调其原有价格，宣称如果在10分钟内下单还会再减 30 元。

对于知识付费类主播来说，他还可以设定一些不卖的价格。例如，某位主播是面向企业做服务支持的，他的课程价格基本在 3 万～5 万元，但他还有一项课程的价格是每年 100 万元，并且不会出售。那么，他为什么会推出一项不会出售的高价课程呢？原因在于他掌握了观众追求实惠的心理。

观众在看到这位主播推出 100 万元的课程后，就会认为这位主播既然能够推出价格如此高昂的课程，自然质量过硬，那么自己购买的 3 万元课程想必也是物超所值，十分划算。这位主播就是通过设定锚点价格，让观众在心中对自己销售的产品有初步的价值判断。

主播在报价时设定产品的锚点价格，使观众感受到自己现在购买该产品能获得实惠，观众自然会愿意下单，直播间的销售额也就会提升了。

（2）大牌平价替代款

产品的质量往往与其价格成正比，这意味着一款高质量的产品并没有什么价格优势。这时，如果主播想让观众迅速认识到该产品的价值并愿意为其买单，不妨寻找一些同类的大牌产品与自己的产品进行对比。

大牌产品对于观众来说耳熟能详，观众对其价格、质量、性价比都有清晰的认知。如果观众能够意识到这款产品有媲美大牌产品的质量，却有着更低的价格，那么主播报出的价格即使稍高，也能够很快被观众接受。因为大牌产品的价格和主播所推销产品的价格之间的差距，能够使观众迅速发现主播所推销产品的高性价比。

例如，完美日记的主播在直播推销口红时经常会与其他大牌口红对比：

"这支口红的颜色和 YSL 某色号的颜色几乎一模一样。"

"这不就是 TF367 号的颜色吗？"

TF 与 YSL 都是口红中的大品牌，主播通过将自家口红与其对比，更能够凸显完美日记的优越性价比。

当然，主播在宣传大牌平价替代款产品时也需要注意，不能随意地讲某件产品就是大牌产品的平价替代款。如果主播所推销产品的功效与主播宣称该产品能够替代的大牌产品的功效相差太多，那么主播就会失去观众的信任。主播要想宣传一款产品是大牌平价替代款产品，就必须以事实为根据。

（3）不要先亮底价

在介绍某件产品时，如果主播一开始就把折后价告诉观众，就相当于亮出了自己的底牌，把选择权交到了观众的手上。而产品的价格过低并不一定能够吸引观众购买，反而会令部分观众对产品的质量产生怀疑。

任何产品都是先有价值，后有价格。主播要想以理想的价格把产品卖出去，就要让观众认可产品的价值。在这个过程中，主播要适当地制造一些紧张气氛。例如，"这件产品的原价是 3000元，现在在直播间下单只需 2680 元！但是，我还为各位观众争取到了 300 元的降价福利，也就是说只需要 2380 元的底价就能拿下！如果有谁想要以底价拿下这件产品，就在直播间打"111"，让我知道你想要这件产品。"

如果有观众打了"111"，那么主播就可以放出一部分 2380 元的链接让观众抢拍。实际上这就是做底价的一种策略，不要上来直接报底价，而是通过与观众的互动亮出产品底价。这样既活跃了直播间的气氛，又能够促成更多的订单。

10.3　明确优势：让观众觉得物超所值

主播在推销一款产品时，不要一开始就把产品的价格报出来。在观众还不了解产品的情况下，主播报出产品的价格会让观众心中没有衡量的标准，进而失去比较的兴趣。同时，一旦观众先了解了产品的价格，再听主播介绍产品时也会不断地拿该产品和其他同等价格的产品对比，而这样的对比往往会使观众更加挑剔，对产品的价格产生异议。

所以，主播应该先向观众介绍产品的优势，在观众对产品有足够的了解之后再对产品进行报价，让观众在心中有一个衡量的标准。

例如，抖音健身主播"安娜健身"拥有几百万粉丝，她在推销自己的健身课程时并没有直接报价，而是在直播过程中先带领观众做燃脂运动，让观众感受到跟着主播做运动的效果远比自己运动要强后，再细心地带领观众做肌肉拉伸运动，讲解各个细节、技巧。同时，安娜还会为观众讲解健身的重要性。

此时，观众已经完全了解了跟随安娜健身的好处。所以，当安娜最后提出今天这套燃脂课程的售价为 4999 元 30 个课时的时候，观众已经能够接受这个报价了，有购买意愿的人也会增多。安娜的健身课程除了有锻炼指导的内容，安娜还会在课程中为观众讲解各种健身的技巧，以及如何进行健康的饮食搭配。

细心、全面地讲解内容正是安娜健身课程的优势，一旦观众建立了这个意识，他们对产品的价格就会放松要求。

花一份价钱买多种服务，在课程销售领域中让观众感到物超所值的这种方法最常见。例如，现在在知识付费类主播中流行一种促销策略——办理年卡。

我在 2021 年做训练营课程时，年卡的价格是 1980 元。如果观众提前预约，可以再减 980 元，并且还会获赠 10 盒共计 990 元的面膜。当时的促销效果非常好，因为对于观众来说，这相当于花了 1000 元买到了原价 1980 元的年卡，这就是物超所值。实际上，这对于我来说也是一种打组合牌的策略。当然，我并不会因为赠送很多东西而亏本。

总之，在让观众觉得物超所值的同时，主播自己也要注意控制好成本，不要一味地亏本赠送服务或产品。

10.4　学会共情：让成交量爆发式增长

容易被记住的主播，都是会充分调动观众情绪的人。充分激发观众的想象是一种调动情绪的有效方法。例如，主播可以这样说："想象一下，如果你现在……"在要求观众开始想象后，主播需要给观众几秒的时间，让他们创造出一个想象中的场景。

外行的主播只关注视觉，而专业的主播则要求观众在想象时调动自己的所有感官，包括视觉、嗅觉、听觉、味觉等。此外，主播还可以把观众带入故事，或者鼓励观众设想自己未来的生活，引爆观众的情绪点。

例如，某主播在推销某品牌的洗脱烘高端一体洗鞋机时说道："你晚上下班回家时，可以直接将鞋子放进洗鞋机里。这样你原本用来刷鞋的 20 分钟就可以多和亲人沟通感情，如帮你的爱人刷刷碗、和孩子拼一会积木。在这 20 分钟，你还可以给远在老家的父母打个视频电话，聊聊近况，这样的场景真是想想就很幸福。所以，你不要觉得 1088 元的洗鞋机不值得，1088 元能够换来多少与亲人沟通的时间啊！"

直播间的观众听到主播的描述后会十分感动，心中的天平最终也倾向了亲情。相比亲情，1088 元的价格又算得了什么呢？最终，这款洗鞋机的销量十分可观。

这位主播引发观众共情的关键在于善用"脆弱的力量"，以此调动观众的情绪，触碰观众心中最柔软的部分，通过相同的体验引发共情。所以，主播要把自己变成情绪的代表，让观众一想起这个情绪就能想到自己，使自己成为在他们心中印象深刻的存在。主播在激发观众的情绪时一定要换位思考，用自己的思路考察、挖掘观众的情绪和心理变化，并进行分析和总结。

主播要重视观众的情绪和体验，用真诚的情感影响观众，绝不能乱搞噱头，欺骗观众；否则不仅会让观众不满，还可能损害自己的形象。在如今信息快速传播的时代，主播更需要严格注意这一点。

其实，共情效应在我们的生活中应用得十分广泛。对于主播来说，直播不是说给自己听，而是说给观众听。因此，主播要在直播前做好准备，了解观众的基本情况，揣摩观众的心理，尽量满足观众的需求，为观众营造良好的氛围，做到有趣、有理，让观众喜欢你的直播。

10.5　预付定金：大幅缩短观众犹豫的时间

很多观众在最终下单前会犹豫不决，这时主播就要赶紧提出让观众付款，以防观众在犹豫过后失去了购买的欲望。

有时候主播推销的产品是预售产品，可能主播在介绍产品时有很多观众都会表达购买意向，但等产品上架后这些观众的购买欲望已经减弱了，因此真正下单的观众并不多。

以在视频号直播卖货的主播"大唐果蔬"为例。"大唐果蔬"是一个农民创业账号，它的直播通常由粉丝称呼"唐大哥"的唐某和其家人完成。"大唐果蔬"店铺中的水果几乎全是来自自家果园，每到一种水果成熟的前夕，唐大哥都会在直播间预告即将上架的水果。

2022 年 6 月初，果园中的富士苹果即将成熟，唐大哥在直播间详细介绍了富士苹果的优点，并向观众预告了苹果的上架时间：
"我们家的苹果正在采摘打包中，会在 15 天后上架。到时候，大
家一定不要忘记购买。"令唐大哥感到意外的是，虽然看直播的
许多观众都表明了自己的购买意向，但是苹果上架后的销量并不
理想。

　　在经过反思后，唐大哥认为苹果销量不高的原因就在于自己
在直播时并未及时满足观众的购物需求。1 个月后，果园里的沙
地板栗红薯快要成熟了。在这次进行预售直播时，唐大哥除了介
绍沙地板栗红薯的品种、特点之外，还在直播间放上了预售链接：
"沙地板栗红薯将在 5 天后上架，想购买的朋友可以点击链接预付
定金。现在预订的，在红薯上架后将会优先发货。同时，预付定
金还会享受 8 折优惠。大家快来预订吧。"

　　经过这样的宣传，直播间的许多观众纷纷预订了沙地板栗红
薯，支付了定金。在正式上架后，已经支付了定金的观众自然不
会让定金白白损失掉，于是都痛快地支付了尾款。

　　对于做知识付费的主播来讲，他们也可以采取预付定金的形
式。不同的是，他们可以将预付定金后的沟通变为一对一的成交
场景。例如，某个课程的售价为 2 万元，面对这个价格，绝大多
数观众都会很犹豫。此时，主播就可以推出 1000 元的预付定金链
接，让有意向的观众能够先用 1000 元的定金抢占名额。然后，主
播在接下来的时间和预付定金的观众进行一对一的沟通，为观众
做一个详细的课程项目梳理和咨询，在咨询的过程中充分展现课
程的优势，让观众主动补上尾款。

　　这种模式的成交率是很高的，因为愿意购买知识产品的观众

关注的问题也更详细、更全面，主播通过搭建一对一的沟通场景能够充分照顾到观众的需求。

因此，主播在直播销售中要时刻把握观众的购买欲望。一旦观众表现出强烈的购买欲望，主播就要立刻乘胜追击，让观众支付定金或全款，不能给观众留太多的考虑时间。这样能够最直接地减少观众犹豫的时间，提升产品的成交率。

10.6 售后保障：消除观众的后顾之忧

很多观众认为在直播间购买的产品不靠谱，一旦出现质量问题，退换货过于麻烦。特别是价值不菲的课程、珠宝等产品，退换货还非常影响心情。

此外，在直播间由于灯光、背景、主播展示手法等技巧，会使产品非常吸引人，观众对产品的预期也很高。但是等拿到手之后，观众会发现实物与直播间展示的还是有一定差距的。

以上顾虑导致很多观众只在直播间看主播展示产品，听主播介绍产品，无论多么动心都不会下单。

针对有这种想法的观众，主播要对症下药。如果观众觉得到手的实物与直播间展示的不符或出现质量问题，那就可以联系主播或客服无理由退换。

例如，某主播在直播间主要销售自家附近产地的原生玛瑙，他在直播间打出了标语：承诺一件包邮，7 天无理由退换货。同时，他也在直播间向大家解释："由于玛瑙原石属于纯天然矿石，只经过了简单加工，所以肯定会含有一些杂质。另外，我的直播间不开滤镜，但是由于光线问题，实物会比我展示的颜色更深一些，希望大家能够理解。大家可以录制开箱视频，如果到手就发现产品有质量问题，如裂纹、缺角、坑洞等，与直播间看到的不符，那么联系客服或在直播间直接找我，我包邮为大家退换货。"

这位主播并没有因为要促成观众下单完成交易而盲目承诺售后保障，而是有理有据地向观众说明哪些情况属于无理由退换货的范围，并且向观众解释了产品到手后可能出现问题的原因。这种做法既为观众提供了可靠的售后保障，也让观众感到主播的专业性和严谨性。而且，这位主播还在直播中向大家展示了他的线下实体店，让直播间的观众再次感到这位主播是可靠的，那么他的产品也一定差不了。因此，仅在双休日两天内，该主播直播间的销售额就突破了 10 万元。

但是，主播需要注意在保障观众利益的同时，也要保障自己的利益。特别是对于知识付费类主播来说，知识产品一经售出，后续的售后保障较普通产品更复杂。

例如，有观众买了 1000 元的课程，但是两天后他要求把课程退掉。因为他已经看完或将课程录完了，一旦退课成功，他就相当于不花一分钱获得了 1000 元的课程。实物产品的这种无条件售后保障会损害知识主播的权益，知识主播不能够为了卖出课程而无底线地损害自己的权益。所以，知识付费类主播在向观众做出保障承诺前，要先找到相关法律人士做课程权益保障的审核，既要保护观众的权益，也要保护自己的权益。

为了打消观众的顾虑，促成观众下单，提高交易额，主播提供售后保障本是一件好事。首先，主播要保证自己的产品货真价实。例如，在直播间不开滤镜，以最真实的场景展示产品，避免过度美化产品，误导观众。其次，主播要依据实际情况做出售后承诺，不要夸大其词，否则最后只会让观众产生不愉快的购物体验，影响自身的口碑。

促销策略：
多种组合模式直击观众心灵

促销是销售中的一种常用方式。促销的核心是买卖双方的信息沟通，卖方通过语言说服、情绪感染等方法刺激买方的消费欲望，使其产生购买行为。而通过不同的销售渠道销售不同的产品，卖方所采取的促销策略也不尽相同。

在产品直播销售过程中，促销策略有很多种组合模式。只要主播选取策略得当，总有一种促销方式能打动观众的心。好的促销策略往往能够提高观众的下单率及粉丝转化率，同时，为主播带来十分可观的销售额。

11.1　同款促销:《梦华录》同款引爆直播间

同款促销在直播销售领域最常见，它是最容易被掌握，同时也是见效最快的一种促销方法。简单地讲，同款促销是指主播借助演员、运动员、歌手等具有一定粉丝基础的知名人士的热度，对他们的相关服饰、护肤品等产品进行销售的一种方式。此外，主播还会抓住一些当下热播的影视剧或电影热度进行同款促销。这样不仅能提高店铺的产品销量，还能在一定程度上提升店铺的气质和档次。

例如，热播电视剧《梦华录》就因为其中演员精湛的演技、流畅的剧情、精美的画面等优点吸引了众多粉丝，其热度也居高不下。很多主播都敏锐地意识到了《梦华录》中蕴藏的商机：精致的点心、华丽的衣裙、古朴的茶具等，这些都能够在现实世界中实现"复刻"。

在视频号平台直播的主播"美物小计"就借着《梦华录》的热度先发布了"当《梦华录》遇见中国十二色"等视频，获得了十几万人的点赞。主播在直播中为观众讲解了我国古人的日常生活，包括茶饮、膳食、家居、把玩物品等知识，最后推出了主角——《古人的日常生活》这套书。

"这套书共有 5 本，是百家讲坛强烈推荐的，里面内容硬核，有 1000 多张珍贵的影像插画，都是大家之作。而且，对于喜欢《梦华录》的观众来说，这套书可以说是《梦华录》大全。从女主角穿的衣裙、戴的首饰，到她开的茶楼、吃的茶点，这里都有详细介绍。大家可以买回去看看，自己也能对照着做出同款。"

一时间，直播间的观众纷纷下单。大家都觉得花几百元就能够了解古人的生活，还能制作《梦华录》同款茶点，是十分值得的一件事。

虽然同款促销能为主播带来巨大的收益，但能够借助演员或影视剧的热度进行带货的只是部分产品。主播在进行带货时需要注意以下几点，如图 11-1 所示。

一　紧跟时事热点

二　选对产品

三　实事求是的态度

四　注意版权问题

图 11-1　同款促销的注意事项

首先，主播要想进行同款促销，就一定要对时事热点有足够的了解。例如，当下最受欢迎的明星是谁、当下的热款爆剧是哪部等。

其次，主播要选对产品。以《梦华录》为例，售卖服装的主播可以选择售卖剧中演员的同款服装，售卖首饰的主播可以选择售卖剧中的同款戒指、项链等。但是，销售巧克力的主播就无法与《梦华录》这部古装剧建立联系。所以，无论销售什么产品，主播一定要让自己的产品和想要蹭到的热点产生关系，这样才能实现最有效的同款促销。

再次，主播一定要有实事求是的态度。有些主播为了蹭热度，甚至会选择弄虚作假，对产品的展示图片进行美化，欺骗观众以达到同款促销的目的。观众在收到产品时才发现和所谓的同款相差甚远，可能会选择退货或投诉主播，甚至运用法律武器维护自己的权益。而主播也会陷入法律纠纷中，得不偿失。因此，主播切不可为了一时的利益而弄虚作假，在损害自己声誉的同时让自己陷入法律的困境中。

最后，主播一定要注意版权问题。如果只是利用影视剧或演员的影响力带动相关的周边产品，这并不涉及版权问题，但如果是针对其他带货主播进行模仿带货，那就会牵扯到版权问题。

例如，某主播推出了自己的创业知识课程，10节课的售价为1999元，销量很好。但一段时间后，该主播发现课程的销量突然下降。有不少学员向他反映，有另一位主播在直播间推销与他类似的课程，10节课只需要999元，很多人都购买了这位主播的课程。

该主播经过对比后发现，另一位主播的课程完全是在自己所售课程的基础上进行二次加工而成的，几乎与自己的课程一模一样。而且，由于对方的成本更低，大打价格战，购买对方课程的观众更多，甚至有不少人认为自己这个原创是赝品。最终，该主播运用法律武器维护了自己的合法权益，但自己的事业也因此受到了很大影响。如果在推出自己的创业知识课程前做好知识产权保护，那就会省去不少麻烦。

11.2　满额促销：满额赠与满额减双管齐下

满额促销也是一种常见的促销方式，一些带货主播经常使用这种促销方法。满额促销主要有两种执行方式：一种是满额赠，通常是消费者消费到一定额度即可免费获得特定的赠品，赠品一般为经济实用型产品，性价比高；另一种则是满额减，即消费到一定额度就可以在该额度上获得减免额度。

（1）满额赠

满额赠的促销方式可以提升观众的购买力。很多观众看到直播间有"满额赠"的活动，都会选择为了赠品而凑够额度。

例如，某主播在直播间推销兰蔻七夕礼盒时，就向观众宣称只要在直播间单笔消费满 800 元，就可以获赠一只迷你唇膏和兰蔻王牌体验装，单笔消费满 1200 元赠王牌家族系列产品。而原价为 760 元的七夕礼盒离 800 元只差 40 元，但直播间的其他产品大多为 250 ~ 500 元，观众再任意加购某件产品，就会让总价超过 800 元，这时观众购买产品的总价与 1200 元仅相差不到 200 元。因此，很多观众都会选择买两个七夕礼盒，或购买一个七夕礼盒再购买其他产品凑足 1200 元。

当然，主播在开展满额赠活动时要选择合适的赠品，通过赠品拉近与观众的距离，赢得观众的好感。所以，赠品一定要经济实用，贴近观众的需求。该主播赠送的全部为兰蔻旗下的护肤品，而这也是购买七夕礼盒的观众的刚需品。如果该主播赠送的是一本插画书、一颗小盆栽，那么观众很难会因为这些无关紧要的赠品而动心。

（2）满额减

满额减是通过给观众现金减免的方式，让观众感到自己享受了折扣，得到了实惠。例如，某主播在直播间向观众推荐草莓熊玩偶时介绍："15厘米高的草莓熊98元一只，35厘米高的220元一只，45厘米高的358元一只。邮费10元，满199元包邮。而且，今天在直播间消费满300元就可以减50元。直接截图联系客服修改订单金额即可！当然，草莓熊越大，它的草莓香味越持久，手感也越好。"观众只需要花308元就可以得到一只45厘米的包邮草莓熊。

通常情况下，满额赠与满额减两种方式是组合使用的。在该草莓熊满额减活动中，主播还宣称消费满299元即加赠一只限量版维尼玩偶。因此，大部分观众都会购买45厘米的草莓熊。因为这样可以享受包邮服务，同时获得减免金额，还会拥有一只"0元"购买的新玩偶。相比之下，这种方案最划算。

11.3 联动促销：买一个产品获得两种服务

联动促销是指观众购买A主播直播间的产品，可以获赠B主播直播间的产品。这种方式可以带动两个主播的产品销量，并且可以实现双向引流，我就经常使用这种方法。

例如，观众购买我的199元"演讲成交力"课程，就可以获赠我学员直播间的199元课程；或者购买我学员的199元课程，就可获赠我的课程。对于观众来说，这就是花一份钱获得两种服务，是十分划算的。

我在做12小时直播时就和我的很多私教班学员进行了连麦，娜家整理的创始人李娜老师就是其中之一。目前，李娜老师在整理收纳领域是数一数二的导师。我在和她连麦时，她刚好在给她的线下班学员上课，所以也给我直播间的观众展示了她的工作场景，同时详细介绍了她的专业。这种连麦场景是很真实的，无法造假，观众可以直观地感受到李娜老师的专业性，如图 11-2 所示。

图 11-2　与李娜老师联动促销

　　李娜老师也在直播间介绍了她的一款整理收纳课程，观众只要花 899 元就可以在线上跟着她学习整理收纳。但是，很多我的直播间观众不了解李娜老师的课程究竟怎么样，所以我就说只要在我的直播间支付 2000 元预定我的课程，就可以获赠李娜老师

899 元的整理收纳课程。这样一旦观众在学习赠送课程后发现效果不错，就会再去李娜老师的直播间购买其他高阶课程。对于李娜老师的课程来说，这就是一种无形的推广。

我是知识付费类主播，但我的学员有些是带货类主播，其实二者之间也可以进行联动促销。我的私教班学员 Cici 是护肤品类带货主播，在我和她连麦时，凡是在我的直播间预付定金 2000 元的观众都可以获赠 Cici 直播间的一套定制护肤品，如图 11-3 所示。这实际上是一种跨领域的联合推广，效果也很显著，我直播间的很多观众都去 Cici 的直播间询问定制护肤品的问题并下单。

图 11-3　与 Cici 进行联动促销

此外，因为我的课程属于高端定制课程，所以观众在下单时还可以获赠个人品牌导师豪哥的价值 5000 元的项目梳理。这份项目梳理是一对一的专属定制服务，每次服务 1 小时起步。很多观众都说为了这份项目梳理，也要购买我的课程。

联动促销的优点是观众覆盖范围大，在维护老观众的同时也可以吸引新观众。如果主播一直在直播间介绍自己的产品，难免形成单向输出的局面，而与其他主播连麦以实现联动促销，则不失为活跃气氛、双向引流的好方式。同时，联动促销还有助于加强观众对双方产品的了解，拉近主播与观众的距离，实现让利观众的目的。

11.4　限时促销：限时让观众有紧迫感

限时促销是指在特定的时间内降低产品的价格，以特定时间段的超低价位吸引观众的注意，并促使观众购买产品的促销方式。"1 小时内下单，立减 100 元！""前 10 分钟内付完尾款，立即返还 200 元现金优惠券！"这些都是典型的限时促销方式。

为了激发观众的购物热情，主播在使用这种方式时要适当加大产品的优惠力度。例如，在直播限时促销中，店铺原价或 9 折的产品可以降价到 7 折，促使观众下单。

此外，主播还可以采取倒计时法，营造紧张气氛。以前我在直播间就用过这样的方法。我会放一些烘托紧张气氛的音乐，然后告诉观众："还有 10 秒，本次限时促销就会结束，我的优惠产品就会下架。所以，不想错过优惠的观众一定要立刻下单！"然后，我就会开始掐点倒计时，10 秒后就将产品下架。

这里需要注意，说好 10 秒下架，就是 10 秒下架，要让观众知道我是一个言而有信的人。如果我说 10 秒后下架，却始终挂着链接，如此几次下来，观众就不会拿我做的限时促销当一回事，他们会觉得这个优惠随时都有，自然就不会立刻下单。

当然，开展限时促销活动也是需要一定技巧的。主播在进行限时促销活动时需要从以下四方面入手，如图 11-4 所示。

活动准备　活动造势　客服安排　细节把握

图 11-4　限时促销活动的注意事项

（1）活动准备

主播在进行限时促销活动前需要做好活动准备工作，包括设定活动时间和具体的促销方式，以及制定应急预警机制。电商平台对限时打折促销也有一定的要求，主播必须了解和熟知相关的规则，才能保证活动的顺利设置和开展。

（2）活动造势

一般而言，带货主播要想取得满意的促销效果，就需要为限时降价活动营造声势。被吸引进入直播间的观众越多，潜在的消费者就越多。因此，带货主播需要充分利用微博、微信公众号、QQ 群等各种渠道宣传限时促销活动，扩大活动的知名度，让更多观众看见并参与到活动中。

知识付费类主播更适合使用企业微信进行造势。因为企业微信不但可以做到一对一群发消息，还可以在观众的朋友圈中显示消息，对于主播来说能够显著减轻工作负担。

（3）客服安排

在进行限时促销活动期间，店铺的询单量会大幅增加，客服也会承受较大的压力。所以，主播要提前安排好客服人员，以确保观众能在第一时间得到回复，提高观众购买产品的效率。

（4）细节把握

主播在进行限时促销活动时最好将时间限定为 1 ~ 2 小时，观众才会有一种紧张的心态，从而快速做出购买产品的决策。另外，主播在开展完限时促销活动后，还需要做好产品的售后工作，增强观众的购物黏性。

11.5　限量促销：当机立断，迅速下单

限量促销是限定式促销方式之一，目的是打消观众下单前的疑虑，使观众当机立断，迅速下单。这种方法利用了人们认为

"物以稀为贵"的心态，在生活中的例子比比皆是。例如，国家级保护动物大熊猫之所以身价不菲，被称为中国国宝，是因为全世界只有中国拥有并且数量稀少。

在直播间内，观众的心理也同样如此。如果主播告知观众产品所剩无几，马上售罄，那么观众会很快结束犹豫，购买产品。许多主播都会使用这种方法促使观众尽快下单。在开展限量促销活动时，主播应着重讲出产品的稀缺性和价值，激发观众的购物热情。如果主播说明这个产品在今天卖完之后不会再上架，就意味着它从限量销售变成了绝版销售，那么观众的购买热情将会再次高涨。

实际上，这是心理学中的稀缺效应。人们对世界上稀少的事物普遍怀有强烈的拥有欲望，东西越稀少，人们想要获得的欲望就越强烈。同理，观众在购买产品时也会被稀少的数量激起强烈的购买欲。因此，在进行产品促销时，主播可以打出"限量特价"的口号来吸引观众，营造一种产品稀缺的氛围，刺激观众下单购买。

此外，主播还可以在限量促销中加入场景互动，如唱单环节。因为观众都具有从众心理，当某位观众看到很多人都买了这个课程产品时，出于从众心理，他自然也会想买来看看。所以，主播在限量促销的过程中要抓住这种心理。例如，我在做限量课程促销时就会唱单："恭喜小A抢到第1单！恭喜小B抢到第2单！现在库存还剩15单！恭喜小C抢到第3单，现在还剩14单！"

唱单环节通常是重复进行的，可以过一段时间就唱一次单，也可以请买过产品的老学员谈一谈学习体验。这样拉近心理距离有助于成交。

这种直播间的互动可以有效激发观众的从众心理，特别是利用好音乐能达到事半功倍的效果。主播在直播间可以利用音乐营造紧张的气氛，刺激观众的感官，使他们更容易下单。主播也要适当加快语速，提高语调，体现一种迫切想让更多观众获得实惠的急切感。

11.6　承诺促销：用诚信打动观众

很多时候，观众对下单之所以犹豫，是因为没有办法确定这件产品是否真的适合自己。因为与线下可以试用产品不同，线上购买的产品一旦不合适就要邮寄退回，其中花费的时间、精力、邮费等都是一种消耗。所以，很多主播为了打消观众的这种担忧，会给予观众承诺。

例如，某健身工作室的杜教练开设了健身直播间，会向直播间的观众传授健身技巧，带领观众一起健身。他在直播间做出了承诺：凡是在直播间以 4800 元购买 18 节私教减脂课程的用户，如果在全部课时结束后没有达到课程开始前设立的目标，他将全额退款。

因为正值暑假，有不少大学生观众购买了他的私教课程。在课程开始前，杜教练针对不同体重、不同身体素质的学生制定了不同的减脂目标。他表示体重大的人会瘦得快一些，而体重小的人则瘦得没有那么快。因为他已经做出了不达到目标就全额退款的承诺，所以他不会胡乱地定下目标，而是科学设定目标。同时，他还为学生制定了不同的餐饮标准。在杜教练认真负责的指导下，所有学生都达到了预期目标。

很多人在直播间问杜教练如果学生没有达到目标，他是否会按照承诺全额退款。杜教练表示自己的健身工作室正规、合法，虽然他在网上售卖课程，但交易过程也是受到法律监管的，他做出的承诺也是自愿的，一旦观众购买了他的课程，他的承诺就立刻生效，否则就属于违约行为。而且，做人最重要的就是要讲诚信。所以，如果真的有人达不到目标，他一定会按承诺如实退款。

除了课程销售使用的"全额退款"类型的承诺之外，很多主播还会做出"7天无理由退款""30天内因质量问题损坏包退包换""1年内保修"等承诺。我在直播间做出的承诺是下单一周之内随时可以找我退款。如果退款的原因是观众对课程的质量不满意，我不仅会全额退款，还会额外赠送一个价值299元的训练营课程作为补偿。这实际上就是通过诚信打动观众所做出的一个风险承诺，对于后续直播间的下单动作非常有利。

这些承诺都属于主播的自愿行为，也是品牌的自愿行为。一旦观众购买了产品，承诺便立即生效。所以，主播在进行承诺促销时一定要以诚信为本，确保自己对产品的描述属实，一旦做出承诺，就要贯彻到底，避免给自己带来不必要的纠纷。

11.7　连贯式促销：短期促销大优惠

近年来，各种各样的购物节层出不穷，如"6·18""双十一""双十二""双旦节"等。这些时令性节日更适合使用连贯式促销这种短期促销法。连贯式促销是指观众在购买 2 件及 2 件以上的产品时，第 2 件开始可享受一定的折扣。例如，首件产品原价，第 2 件半价或 7 折等。

我在 2021 年 11 月 6 日做了一场大型直播。当时还有 5 天就是"双十一"购物节，我用 11 月 7 日一整天的时间做了一个连贯式促销的规划，在 11 月 8 日—10 日做了一个针对"双十一"购物节的抢购活动。在连续 3 天的直播里，我一共卖出了将近 200 张标价 999 元的年卡。

实际上，这也是蹭热度的一种方式，在"双十一"这个特殊的时间做短期促销是很有成效的。"双十一"结束后，年卡的价格就恢复到了每张 1980 元。对于购买优惠年卡的观众来说，他们会庆幸抓住了机会。而对于没有购买优惠年卡的观众来说，他们会认为错失了一次机会。后续一旦有类似的短期促销活动，他们大概率会直接购买。

这种促销方式有其独特的优点，即见效快，能够在短期内迅速增加产品的销量。因为这种促销方式对观众具有很大的吸引力，很受观众喜爱，也很受中间商的欢迎。除了适用于各大购物节，连贯式促销还适用于产品的清仓、换季。

例如，视频号"韵文女装 888"的主播就在视频号直播间销售棉麻复古风女装，至今已直播了 300 多场。因为棉麻复古风属于小众爱好，所以直播间的每种产品数量都不多。而且，由于材质、版型的特殊性，棉麻服装的单价较高，囤积过久的棉麻服装质量也会变差。因此，该主播每次在换季或进大批新货前，都会将现有的产品清仓。

为了能够快速将单价高、库存少的产品清仓，该主播采取了连贯式促销的方法。每位顾客在购买 2 件及以上的产品时，第 1 件为原价购买，第 2 件开始一概按照原价的 8 折付款，即购买 3 件原价 375 元的产品只需要花费 975 元，比原来便宜了 150 元。

但是，任何事物都有两面性，连贯式促销也存在一些缺点，如图 11-5 所示。

短期性　　　　难复原　　　　损形象

一　　　　　二　　　　　三

图 11-5　连贯式促销的缺点

第一，连贯式促销无法促进长期的销量增长。因为这种促销方式的让利力度大，长期下去，主播的直播间销量虽然增加了，但利润却降低了，所以不适用于长期促销。

第二，因为短期促销的优惠大，会促使观众囤货，这样在未来的一段时间内，很多观众将不会对此产品有需求，或者在有需求时继续寻求上次的低价。而产品如果想继续保持销量，就很难再恢复原本的价格。

第三，这种促销手段容易损伤品牌的形象。如果经常使用连贯式促销法，会导致观众的品牌忠诚度降低，也很难吸引新观众。此时，品牌很容易被竞争者赶超，引发或陷入价格战。

总之，促销虽好，但要适可而止。从长远的发展来看，主播只有提升自己的表达力、说服力等核心竞争力，才能将直播间的流量变现，提升自己的变现力。

11.8　捆绑式促销："主产品 + 副产品"礼包更省钱

捆绑式促销是指产品通常以"主产品 + 副产品"的礼包形式出现，礼包中的产品一般有一件主要产品，也是礼包的主要价值所在，其他产品类似于附赠品，产品的价格远远低于其本身的价值及其市场价。需要注意的是，礼包中的主要产品即使价格稍高也无妨，但是品质一定要有所保证。捆绑式促销更适用于带货主播。

例如，某主播在直播间向观众推荐了一款小牛凯西的全新礼包，宣称只要花一份产品的价钱就能够购买到 30 件物超所值的产品。该主播介绍："由于夏天到了，有健身需求的观众越来越多，而运动与健康饮食要双管齐下，高蛋白、低脂肪的牛肉和鸡胸肉是最合适不过的了。现在为了回馈广大观众的支持，本直播间特别推出了'夏日狂暑清凉价'的活动，在直播间只要花 168 元就可以买到 6 片西冷牛排、5 片眼肉牛排，外加 4 片鸡排、5 根纯肉肠、4包低脂鸡米花和12包低卡黑椒酱，以及一副高级刀叉。"

如果单独购买11片牛排，即使在打折期间，观众也需要花130元，鸡排4片需要将近20元，鸡米花需要30元，纯肉肠需要将近20元。如果观众单独购买组合礼包中的产品，花费将远远超过168元。

在这份礼包中，牛排是主要产品，也是价格的主要体现者，而鸡排、鸡米花等产品则是礼包中的次要产品，虽然也有一定的价值，但观众最看重的还是蛋白质含量最高的牛排。在巨大优惠的吸引下，直播间的观众纷纷下单。

该主播之所以能够顺利地将组合礼包推销出去，是因为她进行了前期调查，了解健身人群的硬性需求，把合适的产品捆绑到一起进行促销，满足了观众的优惠心理，同时还为观众提供了方便。如果该主播选择将牛排与高脂肪蛋黄酱进行捆绑销售，恐怕效果就不会太好。

捆绑式促销的最大优势在于其可以给观众一种主产品价格比较划算、副产品相当于白送的感觉。在追求优惠的心理的驱使下，大多数观众都会选择只需要加少许钱就能够购买到更多东西的礼包。

11.9 假设成交法：情景带入，营造感性氛围

假设成交法是指在直播销售过程中，主播在假设观众已经购

买产品的前提下与观众进行交流。在交流的过程中，主播可以通过逐步深入的提问，引导观众给出回应。主播要分析观众的心理，在明确观众已经有购买意向的情况下，可以使用假设成交法促成交易。

假如某主播在推销一款品牌衬衫，那么该主播就可以将观众带入各种情景。例如，穿这件衬衫可以搭配深色的西装，显得成熟稳重；这件衬衫可以用来搭配毛衣叠穿，既保暖又时尚；这件衬衫还可以单穿，用来搭配半身裙或休闲裤，显得俏皮、有活力。

当然，主播不要只是干巴巴地描述这种场景，而是可以根据描述场景的不同变换直播间的灯光和音乐，在视觉和听觉上为观众营造不同的场景氛围。主播还可以自己穿上这件衬衫，进行不同的色彩搭配。例如，搭配红色裙子显得俏皮可爱，搭配暖黄色毛衣显得温柔清纯……

主播要让观众想象到，这件品牌衬衫虽然可能售价会高一些，但是挂在衣柜里，一件就相当于好几件其他衣服，一年 365 天可以穿到 50 天以上，使用率和性价比超高。如此一来，假设成交法就将观众的注意力吸引到了购买后的实惠和划算上，成交率自然而然就会提升了。

使用假设成交法可以节省主播推销产品的时间，提高推销产品的效率。但是，在使用假设成交法促使观众快速下单时，主播要先确定观众的购物意向，明确观众已经有购买产品的需求后，才可以通过此方法促使其下单。如果主播在此前的介绍中并未激发观众的购物热情，就断然采用假设成交法，只会给观众造成过高的成交压力，使观众放弃下单。

11.10 超值 1 元：限量低价，加 1 元换购

在很多直播间里，"1 元换购"活动并不少见。1 元并不一定是真正意义上的 1 元钱，它代表的是超低价。但是，换购的价格虽低，其换购的产品价值和观众消费的金额却并不低。

例如，某主播在直播间推出了购买欧莱雅大红瓶晚霜的观众加 1 元即可换购欧莱雅眼霜中样的活动。欧莱雅大红瓶晚霜的价格为 459 元 /100 毫升，眼霜的价格为 349 元 /30 毫升，即使是 15 毫升的眼霜中样也价值 180 元。而在直播间只需要"459+1"元，就可以获得原价"459+180"元的产品。

这种促销策略主要是为了借助 A 产品的现有市场规模提升 B 产品的知名度，从而提高 B 产品的渗透率、曝光率和转化率。一般来说，B 产品与 A 产品会有较高的相关性。所以，主播才会针对 A 产品开展"1 元换购"的优惠活动。

我曾经做过一次训练营的配套课程服务，效果非常好，其原理与"1 元换购"一样。服装搭配训练营课程的价格是 399 元，另一个饰品搭配训练营课程的价格也是 399 元，但如果观众购买二者中的任意一个课程，只要再加 1 元，就可以买到另一个课程。我当时认为服饰搭配是一体的，只有穿衣或只有饰品搭配都无法形成自己的风格，所以将二者配套出售才是最合适的。后来经过一段时间的销量统计，我发现"399+1"元的模式确实是销量最好的。

衡量这个活动是否有效的最关键数据有两个：一是换购 B 产品的新观众所占的比例；二是多次参加活动换购 B 产品的观众所

占的比例。如果前者的比例高，表明此活动为 B 产品引进了很多新观众，这个活动的前期投入是有意义的。如果后者的比例高，则表明观众使用 B 产品的体验很好，B 产品的市场和知名度都在逐渐打开，主播可以考虑正式单独售卖 B 产品了。

但是，凡事都有利有弊，"1 元换购"的促销方式也不例外。对于一些小主播来说，如果经常推出"1 元换购"活动，由于资金的回笼速度和促销见效较慢，也许会造成资金链的断裂。所以，主播进行这种方式的促销活动时也需要谨慎考虑。

11.11　尾数定价："看起来"更便宜

在直播行业中有一个不成文的规定，那就是产品销售没有整数。可以有 4699 元的手机，但绝对没有 4700 元的手机；可以有 9999 元的课程，但绝对没有 10000 元整的课程。实际上，这是利用了尾数定价的原理。

尾数定价也被称为非理性定价，它是基于人类的视觉误差和处理数字信息的能力有限而设置的。例如，定价为 9999 元的课程，从数字上看从左至右只有 4 位数；而如果将其定价为 10000 元，它就有 5 位数。从视觉上，观众会更倾向于数位少的价格。

而且，在观众心中，9999 元属于几千元的范畴，而 10000 元属于上万元的范畴。所以，这并不是 1 元的差距，而是千元与万元的差距。如果观众想要购买一门编程课程，在已有购买欲望的前提下，他发现了功能、价值相似的两个课程，一个为 9999 元，另一个为 10000 元，依据心理价位的导向作用，他大概率会选择前者。

除了以上两种因素，尾数定价的组成形式也较整数定价更复杂，观众会有一种这个价格是严谨计算出来的错觉，更愿意相信这个价格是主播在让利。同时，观众如果购买两件及以上的产品，数字越复杂的价格越会让观众感到自己是在精打细算，更满足观众寻求"省钱"的心理需求。

基于以上三种原因，主播要学会在促销中合理利用整数定价与尾数定价，让观众产生主播让利很多的错觉。

例如，某直播间 999 元的课程降价为 991 元，观众不会有太强烈的感受；但是，当 1000 元的课程降价为 992 元时，观众就会明显感受到产品降价了。虽然都是降价了 8 元，但在观众心中的降价幅度却是不同的。因此，主播要学会利用尾数定价原理，抓住观众追求最大优惠的心理，让产品价格"看起来"更便宜。

私域流量：
多渠道发力促进持续变现

　　流量在很大程度上决定了主播的直播能否取得预期的效果，因为流量是一切生意的前提。对于线下门店来说，好的地理位置能为门店带来客流量。这样商家才有机会接触潜在顾客，才能够用自己的表达力说服潜在顾客购买自己的产品。而在直播中，观众和粉丝是流量的来源。在直播发展的早期阶段，主播少、观众多，很多主播享受到了流量的红利。而现在，随着进入直播行业的主播越来越多，每位主播能够分到的公域流量越来越少。主播要想从众多竞争者中脱颖而出，就必须搭建自己的私域流量池，多渠道发力，促进直播持续变现。

12.1 建立社群：搭建私域流量池的关键

私域流量是相对于公域流量而言的。相比任何人都可以抢夺观众的公域流量池，私域流量池是属于主播自己的。在自己搭建的私域流量池中，主播无须付费就可以反复触达自己的粉丝，最终实现变现。在这个过程中，建立粉丝社群至关重要。

很多主播在直播中都会不断地强调让观众加入社群，因为社群能够帮助主播更好地提升观众的黏性，拉近主播和观众之间的距离。更重要的是社群还能够实现流量的二次利用，有了众多忠实的、活跃的观众，主播的直播事业才能够获得更长久的发展。

首先，主播要确定社群的定位。因为社群的定位决定了社群中传播的内容，细化社群的定位能够垂直打造私域流量闭环。其次，主播要通过一系列促销手段激活粉丝，使社群具备持久的生命力。最后，主播在打造成熟社群的同时还要实现社群的裂变，让老粉丝吸引新粉丝加入社群。主播可以从以下几个方面完成社群定位，如图 12-1 所示。

社群运营目标定位

社群生命周期定位

图 12-1　社群定位的两个主要方面

（1）社群运营目标定位

主播想要成立自己的社群，就需要规划社群的运营机制，以及社群能够为成员带来哪些价值。因为粉丝进入社群一定是想要满足一些需求。

社群运营的目标无非提升直播间的热度、主播的知名度、刺激产品的销售、维护粉丝的黏度等。但是在不同时期，这些目标的侧重点各有不同。例如，在创建初期，社群主要是为了提升直播间热度；而在创建后期，社群主要是为了维护粉丝与主播之间的黏性关系。

（2）社群生命周期定位

主播要明确社群的生命周期，以及自己建立社群的初衷。例如，有些主播创建的社群是针对"6·18"购物节的临时拼单群，有些主播创建的社群是粉丝福利群。社群的目的不同，所以社群的生命周期也不一样。

短期目标群在实现目标后，就没有了价值。所以，这种类型的社群在后期几乎没有活跃度，也就没有维护的必要。当然，主播也可以在短期目标实现后，将短期目标替换成长期目标。例如，"6·18"购物群可以转化为新粉丝福利群。

在实现既定目标后，社群一定要及时解散，不要留下一个"死群"。一个没有活跃度、没有人气的社群，不值得主播浪费精力和成本去维护。

社群定位的优势在于它可以帮助主播决定社群中的内容和明确粉丝的构成。

内容是社群的核心，主播要根据社群定位确定社群的内容。例如，售卖课程的主播通常会建立一个"答疑解惑群"，主播除了在社群中预告直播时间、发放优惠券和简单介绍课程内容，还可以分享与课程相关的知识和学习技巧，让粉丝感到加入社群能获取更多有价值的内容。

当粉丝进入社群这个私域流量池后，主播要根据社群的定位有针对性地为他们推荐个性化的内容。准确分析粉丝的结构对于保持粉丝的黏性、拓展社群规模都起着重要作用。例如，在直播中销售课程的一位主播有两个社群，一个社群的成员以年轻妈妈为主，另一个社群的成员以大学生为主。这就使该主播要根据社群成员的特点有针对性地调整相关内容。

同时，主播应当控制社群的规模，并适当选取几位粉丝代表参与社群的运营管理。这样一方面是为了避免社群规模过大，容易出现粉丝小团体，导致各种问题发生；另一方面则是通过选取粉丝代表增强主播与粉丝之间的联系，使粉丝产生归属感和荣誉感。

12.2　社群运营：差异化破局，提升社群吸引力

如今，越来越多的直播平台都在构建自己的私域流量渠道。例如，抖音、快手等直播平台都在对其产品的私域流量引流渠道功能进行内测。但是，从场景、触达效率和运营效果来看，以视频号为核心的微信生态依然是最强大的私域流量生态。因为视频号、社群和朋友圈可以直接使业务形成闭环，实现完全去中心化。

而且，微信有最完美的熟人社交关系链，可以用最小的成本实现快速裂变。对于主播来说，在微信生态中构建私域流量池至关重要。

对于观众来说，社群有一个最直观的好处，那就是方便进入直播间。例如，一位宝妈预约了一场直播，却在直播开始时要照顾孩子吃饭，当闲下来时却找不到直播间的入口了。此时如果有一个专属社群，这位宝妈就可以通过社群中的直播链接直接进入直播间，十分方便。所以，社群在搭建私域流量池的过程中十分重要。

因为在主播开播时，很多观众可能由于各种原因无法观看直播，这些观众都是潜在的客户。那么，怎样才能和这些不能进入直播间的观众保持紧密的互动关系呢？答案就是通过社群与这些观众进行互动。因此，社群不只是一个简单的流量存储池，它还是主播与观众保持联系的重要渠道，可以弥补直播互动的不足。

既然社群这样重要，那么主播究竟该怎样运营社群，才能将社群的作用发挥到最大呢？

首先，主播在直播间直播的同时，后台工作人员要在相关社群中转发直播的精彩片段，如主播金句频出、订单爆满，以及产品的打折优惠信息，如限时促销和限量促销。这些关键信息是社群成员关注的重点。不要单纯地转发产品很厉害、产品金额是多少等很片面的内容，否则会引起观众的反感。

例如，我有一位做文案的私教班学员亮亮，她的团队工作人员就经常在她直播时在社群中转发相关内容。"亮亮老师正在讲写好文案的 10 点必杀技，已经讲到第 3 点了，大家快来直播间看啊！后面的内容干货满满，大家一定不要错过呀！""亮亮老师正在抽奖，下单观众可能获得神秘大礼哦！快来直播间看看神秘大礼究竟是什么吧！"

通过这种社群的互动，不断调动观众的情绪，激发观众的需求和好奇心，使观众忍不住点进直播间。这时，社群运营就成功了一半。

其次，主播要对加入社群的观众进行名单管理。所有通过直播间添加我为好友的人，我都会给他们一个具体的名单标注。例如，我的直播名单代码是 Z 和 B，所以我每次直播时只要通知到社群昵称备注里带 Z 和 B 的成员，就可以省时省力地做到精准一对一通知，避免频繁打扰其他人。很多主播都没有进行名单管理细分，这对于打造个性化的私域流量是非常不利的。

即使 8 年前添加我为好友的人，我都会清楚地记得我们是在怎样的情况下结识的。很多人都会惊讶，"哇！过了这么久，你还记得我！"这样自然而然地就会拉近我们之间的距离。同样的道理也适用于私域直播。

在这里，我推荐一种自己常用的"GPS"名单管理法。G 代表工作，与我的直播、培训班这种工作相关的人，我都会归类到G 名单；P 代表朋友，这里的人都是与我关系亲密的人；S 代表生活，如保洁阿姨、快递员等都会被归类到这里。"GPS"是一种最基础的名单管理法，我们还可以将其继续细分，分得越精细，越有利于私域流量池的搭建。

最后，主播要配合名单管理，打造专属社群标签。要想打造一个合适的社群标签，主播可以从以下几个方面入手。

（1）社群标签要简明扼要

社群标签要简明扼要，目的就是不让人们对标签产生歧义、造成误解。基础、具体的词语更容易让粉丝产生共鸣。例如，售卖护肤品的主播将"高端"作为自己的社群标签，"高端"这个词的含义就非常模糊，很容易使粉丝产生误解：什么是"高端"？哪些人才算得上"高端"？只有"高端"人士才可以购买产品吗？

但是，如果把"高端"换成"商务精英"一词，社群的定位就清晰了。因为这名主播可能会同时运营几个社群，他推荐的产品和内容也会有所不同。例如，社群标签为"商务精英"的社群中，粉丝大多为 30 ~ 40 岁、小有成就的男性；社群标签为"都市职场丽人"的社群中，粉丝大多为 25 ~ 35 岁的职场女性。打造合适的社群标签不仅有利于粉丝对自己的身份产生归属感，还有助于社群的运营管理。

（2）社群标签要击中粉丝的需求痛点

具有吸引力的标签一定是合理的，能够击中粉丝的需求痛点。因为只有让粉丝感觉主播的直播内容或售卖的产品能够满足自己的需求，解决自己的痛点，粉丝才会觉得留在社群中有意义，能够获取自己所需要的价值。例如，"减脂"这个社群标签的针对性强且直击痛点，就会吸引有减脂需求的粉丝。这类标签体现出来的目的性、任务感也非常强，所以通常会给粉丝非常直观的印象。

（3）社群标签要和产品匹配

有了社群标签，主播对社群的运营就有了方向。社群的日常运营工作都是以社群标签为中心的，如产品宣传、社群推广、线上线下活动等都要围绕社群标签展开。

　　某主播在直播间销售的产品是汉服女装，所以她建立的社群标签也是汉服女装。她在线下组织社群活动时，现场布局、装修风格、活动形式等细节都与汉服女装这个标签相呼应。

　　社群标签对社群的发展有着非常重要的作用，它可以影响社群对目标群体的吸引、社群运营、活动开展等各个方面。因此，主播在建立社群时一定要为社群打造一个专属标签。

　　我的私教班学员心海老师的社群名片叫作"星辰大海"，她的核心学员就叫作"海星"。这个标签不仅趣味十足，还显著拉近了心海老师和学员之间的距离。毕竟大海和海星密不可分，在某种程度上更能体现二者之间的亲密关系。

12.3　打造爆款：培养忠实粉丝，实现复购变现

　　营销学中相关研究证明，开发 1 个新顾客的成本是维护 1 个老顾客所需成本的 6 倍。因此，同样的销售额如果由老顾客完成，主播只需要投入 1/6 的成本，剩余的成本可以实现更多的变现。那么，主播究竟该如何打造爆款产品或内容，培养出经常复购的忠实粉丝呢？

（1）确定主推款

　　打造爆款的前提是直播间的产品要有主推款，就像一支舞蹈

团队中要有领舞一样。主推款就是主播力推的产品。一般来说，主推款产品的性价比高，十分值得购买。主播确定主推款能够使观众的目光更加聚焦，从而提高主推款的销量，提升粉丝的忠诚度，为粉丝的复购奠定基础。

（2）前期测试

一款新品是否有成为热销款的潜质，关键要看前期测试的效果如何，也就是让市场检验这款新品能不能成为"明日之星"。因此，主播需要对新品进行前期测试，通过市场的反馈分析其能否成为热销款。主播可以通过以下三种方法对新品进行测试。

① 主播可以将新品放在店铺显眼的位置，并为其制作宣传海报。如果该新品的转化率高于店铺的平均数值，而且新品的加购量也比较高，那就说明该新品可以成为店铺的爆款。

② 主播可以通过淘宝直通车测试新品的反馈情况。淘宝直通车可以同时测试多款新品，主播可以将几款新品同时放入淘宝直通车，查看其各自的点击率、转化率和收藏次数等。测试结束后，主播就可以从中选取点击率和转化率较高的新品作为店铺的主推款。

③ 主播可以通过用户问卷调查来明确产品优化的方向，留下满意的部分。用户对产品的价格、功能、使用场景等都可以提出建议，参与产品开发的过程。

问卷调查是我最常用的一种方法。我每次在新开课程前或者在训练营课程结束后都会发起问卷调查，通过学员的反馈找到后续的产品开发和优化方向。

问卷调查以用户需求为导向。因为很多时候，知识付费类主播即使满腹经纶，有很多干货知识，但是没有办法精准触达目标用户群体。以前我曾经想联合一些老师和我的私教班学员做一个价值 9800 元的创业计划联合训练营课程（见图 12-2），将我做企业的使命愿景与价值观表达出来。所以，我反复做了三次调查，收集了很多学员与观众的反馈，明确了受众群体的需求，才放心大胆地开发了这款产品。最后，几乎所有学员都说这款产品正是他们想要的。

图 12-2　泇冰创业联盟计划

实际上，这种方式借鉴了线下创业的模式。例如，雷军打造小米品牌就是先做小米发烧友、小米粉丝，然后才是小米用户。小米的粉丝是可以通过小米社区参与小米产品的开发与优化计划的，这就是将私域社群功能发挥到极致的一种思维方式。

（3）体现差异性

当新品有太多类似的竞品时，主播就需要增强产品的差异性，以吸引观众的目光。例如，家庭便携式体重秤的功能和外观都没有太大的区别，但是主播可以通过细分使用人群设计促销方案。使用人群的细分就显示了产品的差异性。

除了体现产品本身的差异性之外，主播还可以在赠品方面体现差异性。例如，赠送独家定制的暖宝宝、保温杯、围巾等小礼品。在赠品上突出差异性也可以吸引观众的注意。

有了主推款，主播打造爆款时就有了目标方向。同时，主播还要在每周的固定时间上新。观众在购物时会追求新鲜感，每周上新就向观众传达了店铺每周都会给观众带来惊喜、新鲜感不断的信息。而将上新时间固定，则是为了让观众对店铺的上新产生期待，形成心理预期，增强观众的忠诚度。

（4）打造有温度的产品

人们现在购买产品不仅是为了满足物质层面的需求，还是为了满足精神层面的需求。因此，主播要打造有温度的产品，让产品维系自己与粉丝的情感，使社群更具正能量。

例如，某位售卖高档女士服装的主播在直播时宣称，今天每卖出去一件衣服，她就向公益机构捐款 5 元。社群的粉丝大部分是经济情况较好的年轻女性，她们对公益事业也比较支持，纷纷在群内响应这位主播的行为。最终，这位主播以直播间全体粉丝的名义向某公益机构捐助了 3 万元。

在上述案例中，粉丝既买到了自己喜欢的衣服，也支持了公益事业。有温度的产品既有利于强化主播善良、有爱心的人物形象，又使粉丝对主播的认可度更高，从而更乐意在主播的直播间购买产品。对于主播来说，有温度的产品既能促进产品销量的增长，又能提高社群成员的活跃度。而且，由于主播此次的捐款行为受到了大量关注，该主播的直播间粉丝数量也有了大幅增长。

12.4　朋友圈：不可忽视的私域流量阵地

朋友圈是微信生态中的重要流量承载池。自上线以来，朋友圈就没有进行过大的调整。因此，它是一个较稳定的微信功能，适合作为私域流量的引流阵地。截至 2022 年，朋友圈的活跃用户已有 7 亿多人。如果主播能够充分利用好微信朋友圈，那么成功打造微信私域流量闭环指日可待。

首先，朋友圈是很好的打造一对多窗口的平台。主播在朋友圈发布的文案或直播间链接可以被所有好友看到。相比一对一地发送消息，这种一对多的形式能够快速帮助主播做直播间推广和粉丝裂变。

其次，朋友圈更容易建立主播与观众之间的信任。朋友圈像一个生活展示的窗口，观众可以通过这个窗口更加深入地了解主播，逐渐增加对主播的信任。我有一位学员，以前是我直播间的观众，他曾偶然点进我的朋友圈，发现我最近的一条文案是关于直播事业的进展。他很感兴趣，于是翻阅了我过去将近三年的朋友圈内容，点了 500 多个赞。等看完我的朋友圈，他就大致知道了我是怎样的人，我在做怎样的事。恰好他有这方面的需求，而我的朋友圈中学员的反馈和收获汇总让他知道我是一个有能力、认真且负责的人，所以他就放心地购买了我的课程。

朋友圈主要有以下三个特点。

（1）朋友圈创作门槛较低，人人皆可创作。即使不能熟练使用智能手机的老年人，也可以轻松学会发朋友圈。

（2）朋友圈适合输出个人价值观。朋友圈不仅是普通的社交工具，还是用户对外展示自己的窗口。

朋友圈适合输出个人价值观类的内容，如对某件事情的观点、兴趣爱好等。对于主播来说，朋友圈也是展示其专业性、直播流程的窗口，同时可以展示粉丝的真实反馈、粉丝从直播中获得的价值等。主播可以通过在朋友圈软性植入的方式，潜移默化地影响朋友圈的好友。好友在有需求时，第一时间就会想到主播。

（3）朋友圈是无感触达的。与其他产品不同，朋友圈没有采用推算机制。例如，在一些平台中，用户搜索了一些有关宠物的内容，那么平台就会为用户强制推送与宠物相关的内容。朋友圈则不然，它只会按照时间顺序为用户如实地呈现内容，不会使用户产生审美疲劳。用户想看什么内容，主动权掌握在自己手中，因此并不会抗拒朋友圈的内容。

朋友圈也是最容易实现粉丝裂变的私域流量阵地。那么，主播采取什么方法才可以让老粉丝在朋友圈带动新粉丝呢？

（1）主播可以通过发放物质奖励，鼓励社群粉丝发布朋友圈的相关内容。例如，主播可以在朋友圈发布集赞活动，凡是转发主播发布的内容并获得一定数量赞的用户，都可以进入社群领取相关福利。老粉丝也可以主动在朋友圈发布直播的相关内容，主播可以给予其一定的优惠福利。

（2）在朋友圈发布能够让粉丝产生共鸣的话题。主播在选择话题时，要保证话题能够让粉丝产生共鸣，这样他们才会有表达的意愿。例如，主播可以在朋友圈发布"最适合黄皮肤的口红颜色""学化妆时你踩过的坑"等互动话题，这类话题可以让用户产生共鸣，激发其倾诉的欲望。

在倾诉、交流的过程中，用户慢慢就会发现原来大家都有相似的经历，继而讨论、互动也会更加热烈。此时，主播就可以引导还没有进入社群的用户进入社群继续讨论，并通过一系列方法将其转化为自己的粉丝。这样不仅能吸引新粉丝，实现粉丝裂变，而且在社群的讨论中也可能会产生新的话题，引起下一轮的讨论高潮。

当然，在设置社群话题时，主播要注意话题的门槛不能太高。过于高深、专业的话题往往会让用户望而却步，而门槛较低的话题能够让更多粉丝参与话题的讨论。

在设置社群的话题时，为了吸引粉丝参与话题讨论，主播要设置一些有讨论点的话题。例如，"冬天到了，你穿衣要风度，还是要温度""你更喜欢欧式古典风格，还是中式古典风格"。这样的话题能够激发粉丝参与讨论的热情。总之，发布朋友圈是促使用户转化为粉丝、提升社群活跃度的有效方法。发布的朋友圈有越多用户参与，用户的转化率就越高，私域流量池就越大。

12.5　视频号：私域流量新势力

大部分直播平台都属于公域流量池，而与其他直播平台不同的是视频号属于半公域、半私域的直播平台。因为它是微信生态的流量集散地，能够与微信的每一个流量池相连接，完成反复触达，进而实现社群、朋友圈、小程序多渠道打通，打造出以视频号为核心的私域流量闭环。

用个人微信和企业微信打造私域流量池被公认为转化率最高的方式，但是从其他直播平台，如抖音、淘宝、快手等，将粉丝导入微信的成本过高，效率太低。而视频号则不同，它具有三种功能，分别是短视频、直播间和小商店。

短视频负责裂变引流，直播间负责粉丝转化，小商店则用来变现。这三种功能能够将微信的所有应用连接起来，打造出以用户为中心的私域流量闭环。

（1）个人号才是私域流量的最终归宿。个人号有两个核心私域流量池：一个是朋友圈，另一个则是微信群。

朋友圈是视频号的启动器。主播在直播间直播时，一定会将直播间的链接分享到社群和朋友圈中，用户或粉丝看到就有可能打开链接、进入直播间。这就是直播间的第一波流量。

虽然通过朋友圈获取流量更容易，但朋友圈的内容是按时间顺序呈现的，后面的内容会覆盖前面的内容。微信群则不同，主播将直播间链接发送到微信群中，即使用户不是主播的好友，也能够看到主播分享的内容。这增加了直播间的传播范围和传播的有效性。

（2）视频号与公众号实际上是互补的。公众号以图文为主，而视频号就是"动态"的公众号。有些人更喜欢视频号生动的表达形式，而有些人则更青睐于公众号安静的阅读模式。所以，主播可以将公众号与视频号打通，获得更多触达粉丝的途径。

现在公众号的一篇文章中最多可以插入 10 个小视频。主播可以将一些往期的直播作品剪辑后插入公众号文章中，在直播开始前推送给用户。只要用户点击视频，就能够立刻跳转到直播间。主播也可以在直播间添加公众号的扩展链接，二者互相引流。

（3）小商店的产品可以在直播间销售，能够满足用户即买即走的需求。此外，如果用户没有时间观看主播的直播，他也可以直接在小商店购买自己需要的产品。

（4）个人微信无法承载过多的私域流量，因为微信规定个人号单日被动加好友不得超过 250 人，所以企业微信的优势便凸显了出来。

当前，企业微信与视频号已经双向打通，主播可以在直播间直接展示企业微信号，粉丝在直播间就能够一键添加主播微信。不仅如此，企业微信对于社群管理更加高效，主播能够在后台对所有社群进行统一管理，同时还能够使用企业微信的各种第三方应用。

2022 年 1 月 7 日，微信发布了"视频号直播——商家激励政策"：凡是通过视频号直播的主播，只要从自己的社群或朋友圈中引入 50 人及以上的用户进入直播间，就可以参加微信的激励活动，即主播每引导 1 个私域流量用户进入直播间，平台就至少给主播奖励 1 个公域流量用户。所以，现在就是加入视频号、打造自己私域流量池的最好时机。

直播魅力演讲：
魅力主播打造计划

　　无论知识付费主播还是带货主播，要想在直播间征服观众，让观众乐意为你的产品买单，你就要拥有自己独特的魅力，把自己的魅力传达给直播间的观众。很多时候，观众不仅仅是为了产品买单，更是为了主播的魅力买单。学会直播魅力演讲，将自身打造为魅力主播，是你能够从众多主播中脱颖而出的关键。

13.1　为什么需要魅力演讲

在提升自己的魅力之前，主播要先弄清楚什么才是自己需要的魅力。

对于知识付费主播来说，魅力就是影响力。在直播行业中，影响力的作用远远大于领导力、组织力、管理力。可以说，影响力对于主播来说至关重要。落地到直播间，即主播要看是否有让观众持续跟随自己学习的能力。

在知识付费直播领域有一个很有意思的现象，很多观众在跟随一位主播学习一段时间后突然就转去跟随另一位主播。按照常理来说，和主播学习知识最好是从一而终，这样有助于建立系统的学习框架。那么，为什么很多观众都会半途退出，换主播学习或干脆不学了呢？

我调查过一些主播和观众，也采访过我的一些学员，最后发现问题出在主播自己身上。与带货主播不同，知识付费主播的直播战线较长。例如，我讲色彩能量理论就是分了几天的几个场次讲完的，如果我不能让观众感到有意思，乐意追随我的直播间听下去，它就会成为失败的直播主题。但是，我通过自己的魅力让进入我直播间的观众都追随着听了下去，它就是一个成功的直播主题。

很多主播是有干货的，也可以做到在直播间向观众输出干货，但观众就是听一会儿即走。根本问题在于主播本人的魅力不足，输出的内容过于干瘪，简单概括就是"没有意思"。同样是做同类型的知识直播，有人的直播间门庭若市，有人的直播间门可罗雀，原因就出在个人魅力上。

　　魅力不仅会影响主播与观众之间的关系，而且会影响个人品牌、个人公信力的打造。这也是我开设直播魅力演讲课程，帮助大家提升个人魅力的主要原因。

13.2　如何做好个人魅力布局

　　我将个人魅力布局分为 10 个关键点。

（1）发心

　　所谓发心，是指主播要站在观众的角度思考问题。例如，观众真正的需求是什么？观众购买我的产品能够解决他的什么问题？只有从对方的角度出发，我们才能够切身体会观众的需求，知道自己的产品是否与观众的需求匹配。

　　发心的本质是一种利他思维。我们要端正自己，思考观众真正需要什么，观众购买我的产品能够解决他的什么问题，而不是自己能赚多少钱。

　　特别是对于一些在直播间为观众赋能的知识付费主播来说，只有学会发心，说出的话才能够直击观众的痛点。例如，主播讲创业，直播间的大部分观众都是有创业计划或创业失败、想来获取方案的人，如果主播只是一味地强调创业有多么简单、创业成功有多么好，这对于观众来说是毫无用处的。观众的痛点是如何创业、如何避开创业路上的陷阱。因此，对于主播来说，发心就是要提供好的、有用的、性价比高的产品，提供能真正解决别人需求和问题的产品。

学会发心的人，往往是高情商的人。别人都会很喜欢他，与他的沟通也会自然、顺畅，令人如沐春风。

（2）专注

专注是我们从孩童时代起就一直在强调的一项能力。在课堂上不认真听讲，东张西望的学生通常成绩不会太好。无数的事实证明，无法专注于某件事情的人最终都会一事无成。

只有专注才能成大事，才能在一个领域里成为有影响力的人。没有足够的专注力，是无法在专业领域产生影响力的，也是无法形成个人魅力的。而没有个人魅力又怎么能吸引别人来关注咨询你呢？

例如，雷军在做小米品牌时就一直专注于做好这一件事，这种专注的魅力为他吸引了众多跟随者，最终他获得了成功。

如果你在创业中不能沉下心来，专注于自己的事业，而是三心二意，这山望着那山高，最终结果就是哪座山也爬不上去。而没有一件能拿得出手的成绩，又怎么会有足够的个人魅力吸引观众追随你呢？

（3）技能

技能是主播的核心竞争力。主播的技能越扎实、越强大，就越能够给观众提供高价值的服务与帮助。人都有慕强心理，所有人都喜欢跟厉害的人学习。所以，只有你成为更厉害的人，才能够拥有长久的魅力。

技能是主播的核心价值。只有当你的技能强大到能为别人解决问题时，别人才会关注你。例如，你的文案成交技能很强，那些跟着你学习的人本来不会写文案，学完之后不仅会写，还能把自己的东西通过写的方式卖得更好。这样你才能说自己拥有文案成交的技能。

（4）心态

创业要拥有平静且稳定的心态。很多人在创业之初都会拿自己与已经小有成就的创业者对比，觉得自己这里不好、那里不行，一味地想要赶超对方，最终自乱阵脚。

要想自己的创业之路能平稳发展，我们就不能够妄自菲薄，用别人的强项惩罚自己。创业路上遇到的每一件事、每一个挑战都有它的意义。做得好，我们再接再厉；做得不好，我们汲取教训。稳定的心态带来稳定的创业结果。因此，只有心态稳定的人才会拥有长久的魅力。

有些刚尝试直播的人时常苦于自己没有粉丝，进而患得患失，纠结自己是不是不适合这个行业。其实大可不必这样。粉丝并非一天积累起来的，我们要正视这个问题，不断在无人处磨炼自己的技能，以待来日发展。粉丝少时，我们可以在镜头前练习自己的专业技能，包括表情、动作、语言等；人气旺时，我们可以在直播间进行变现，抓住机会推销产品。总之，有稳定、积极的心态，我们才能获得长远的发展。

（5）真实

真实是最好的"武器"。很多人都说做主播要包装自己，做魅力主播更要包装自己。适度的包装没有问题，但如果始终以包装后的面目面对观众，被你吸引来的观众喜欢的不过是戴着面具的你，而面具终究是无法永远戴着的。

任何主播都会有喜欢他和不喜欢他的人。有些主播为了迎合10%的不喜欢自己的人去伪装自己，反而适得其反，失去了更多喜欢自己的人。因此，我们不如一开始就做真实的自己，展示自己最真实的一面。

对于想要长期发展直播事业的主播来说，真实才是你最好的"武器"。你是什么样的人就能吸引什么样的人。无论怎样伪装，都有人喜欢你，有人不喜欢你。既然这样，为什么不坦诚地做真实的自己呢？真实的自己才是你魅力的长久来源。

（6）成长

终其一生，人都在不断成长。主播的直播生涯也是同样如此。只有让自己不断地成长，才会为观众带来源源不断的新鲜感。试想你的直播间总是在说几年前你熟悉的段子、网络用语和知识，那是无法为观众带来新鲜感的。作为有魅力的主播，你必须每天都要为观众呈现最新鲜的状态。

学习能力是非常重要的创业魅力，主播必须让观众对自己产生依赖。如果你不具备成长的能力，观众是不会长期追随你的。要想成为魅力主播，你就要牢记：一个人的衰老是从放弃成长开始的。

（7）韧性

没有人一开始就能站在顶峰。在通往山顶的路上荆棘丛生，很少有人能够一次就爬上山顶。所以，我们要有坚韧不拔的毅力，能够坚韧地迎接任何挑战。我们既要有淡然迎接成功的能力，也要有接纳遭受挫折的韧性。韧性就像一种"心灵肌肉"，它可以让我们的抗压能力更强，让我们在面对所有问题时保持积极的心态，一往无前。

（8）赚钱

在直播行业中，能赚钱等于能量高。钱是能够量化你能量的外在货币符号。所有能赚到钱的时候都是能量高的时候，钱可以为你买来合适的衣服、装扮更美的直播场景、享受更美好的生活、拥有高品质的生活状态。

（9）个性

个性也是个人的特性，它代表个人的主张，是你为观众呈现出来的一种立体的生命状态，即你是什么样的人就会吸引喜欢什么特性的人。例如，一个霸气的人会吸引那些喜欢霸气的人，一个温柔的人会吸引那些喜欢温柔的人。

（10）简单

化繁为简是一门学问。能把很复杂的行动呈现得很简单，就能最大程度地展现你的魅力！

13.3　练好魅力演讲的三项基本功

要想做好魅力演讲，成为做魅力主播，只学会技巧是远远不够的，还必须练好基本功。我将魅力演讲的基本功总结为三点，如果你能够学会这三点，学习进阶课程时就可以游刃有余。

（1）价值

为观众呈现价值，目的是获取观众的信任。而呈现价值的策略就是打造你的独特人设。什么是人设？通俗地讲，人设就是你留给别人的印象，别人对你的感受。

当然，人设定位可以参考他人，但是不要完全模仿他人，你要展示自己的特色。如果没有自己的人设，你就会发现自己无法赋能产品。别人不认可你，你就无法卖出自己的产品。如果没有人设，你就无法卖出团队，甚至无法整合团队。

但是，如果你有准确定位自己的能力，有自己清晰的人设，你就会发现自己可以轻松地吸引自己想要吸引的人，可以轻松代言自己的产品。更奇妙的是，你会发现你想要的资源都会主动靠近你。

当初我讲了六年的服装搭配，但是一直没有找到自己最精准的定位。后来，我发现不管我做什么课程，都是用我的演讲能力在做，我有很强的连接内在能量的能力，所以我的课程会帮助很多人找到内在的能量，通过内在能量的改变达成变现的目的。

首先，展示你跌宕起伏的经历。这个经历是什么不重要，最重要的是这个经历给你带来的好结果。因为所有人都喜欢看到结果，结果能够打动别人。

其次，活出别人梦想中的样子。能量低的人喜欢高能量的人，能量高的人依然喜欢高能量的人。所以，我们只能做高能量，活出高能量的那个样子。如果你能够活出别人梦想中的样子，别人就会信服你。

最后，要学会做你的人生数据背书。例如，你有执教 35 年的教学经历，你创业 10 年做过最厉害的一个项目变现了多少等。这些都是你的价值所在。

（2）情感

人世间无非三大需求：物质需求、精神需求和灵魂需求。主播为观众提供的必须是观众刚好需要的，这就是情感布局。当你会做情感布局时，即使观众没有立刻拿到想要的结果，也依然会跟随你。

情感布局一定要是真情实感，情感成交一定是打动对方的情感才会不销而销。所有人都不会被你说服，他们只会被自己说服。那么，如何让对方被他自己说服呢？

首先，要植入情绪。有情绪就是好的演讲，但是植入情绪不等于掉入情绪。你的情绪要跌宕起伏，要么让对方开心，要么让对方感动。

其次，要有共情能力。只有共情才能共力，一万个道理抵不上一颗共情的心。当你没办法跟别人共情时，别人就没有办法跟你的心有连接。

最后，要能情感共振。我们的直播目标是共赢，成交的最高境界是从"你我他"变成"我们"，核心思维是"你中有我，我中有你"，共情、共爱、共利、共谋，只有这样才是团队。

（3）价值观

主播向观众传递的不仅是产品信息，还有自己的价值观。而价值观的来源就是主播的灵魂特质，如有担当、有责任、有才华、温柔体贴、善良知性等。

实际上，价值观是一种内心尺度，它支配着我们的行为。在日常生活中，我们经常会说和某人三观不同，三观之一就是价值观。价值观接近的人更容易产生心灵上的连接。所以，主播的任务之一就是用自己的价值观影响、吸引观众。

13.4　演讲成交的天龙八部

虽然每个主播表达的内容都不相同，但表达的形式却大同小异。如何通过直播演讲实现订单变现呢？我将其总结为八个关键点。

（1）立观点

主播就是演员，只有调动观众的情绪，立住自己的观点，才能够影响别人。换而言之，如果你都不相信自己讲的话，又怎能取信于观众呢？

例如，以前我在直播间讲服装搭配时，我从来不带现成的服装产品，因为我的观点是我本人站在这里，我就可以表明服饰能够表现人。很多观众不理解：服饰怎么可以表现人呢？这不是说反了吗？我接着就向大家解释：服饰能够表现一个人的特征，在某种程度上能够表现一个人的气质。例如，喜欢潮牌、前卫服饰的人心态更年轻，喜欢碎花长裙的女生性格可能更温婉。这样解释下来，观众就都恍然大悟了。

所以，有自己的观点，才有自己的立场和气场。观点就像思维中的核心，其他的一切都不过是从观点出发的手段罢了。

（2）举案例

观点立住了，接下来就要用案例支撑观点。例如，我在直播间讲服饰搭配时提出的观点——"服饰可以表现人"，接下来我就要围绕这个观点列举案例来支撑我的观点。

我讲潮牌服饰怎么搭配、怎么表现个性，那么被吸引而来的自然是喜欢潮牌服饰的观众；我讲古代服饰历史，讲服饰的发展变化，那么吸引来的自然是有文化、热爱历史的观众。

有些观众可能不会当场下单，但是在之后他看到其他直播或想要买衣服时，他就会想起我列举的案例，想到我的观点，他大概率会再次回来，在我的直播间下单。因为我已经通过案例将我的观点深深植入他的内心，让他念念不忘。

所以，我经常在课程中提醒我的学员要多学习，看一些名言名句，了解历史典故，提高自己的文学修养，能够从不同的角度切入话题。

（3）求确认

"大家同意吗？"

"听懂的在弹幕发个'666'。"

……

我在做服饰搭配直播时发现，如果能够时常向观众发出互动，求得观众的认可，就可以提高直播间的互动氛围。

我对观众说："古代人写书是竖着写，一边读，一边点头。但是，现代人写书是横着写，都是摇头的。所以，我以后写书就要竖着写。你们觉得怎么样？"很多观众都会心一笑，在弹幕对我表示了认可。

（4）塑造推崇

塑造是打造魅力主播很重要的一个环节。我从事演讲培训行业 8 年多了，无论是从现场布局还是演讲技巧来说都得心应手，所以我有塑造的能力。

例如，如果主持人想请一个嘉宾上台讲话，通常情况下嘉宾上台后要再做一遍自我介绍；但如果是我请嘉宾上台讲话，我会在他上台之前就将他的形象塑造好，深入人心，所以他上台后无须自我介绍，可以直接输出自己的观点内容。

如果没有别人帮忙塑造你，那么你要自己塑造自己。你的成绩、结果、数据可以为你背书，这些一定要讲出来，塑造自己的专业形象；否则，观众会怀疑你的专业程度，不屑于听你讲。

（5）直击痛点

痛点是核心需求，也是必须要解决的需求。如果你直播的时间很短，那么开场就要直击痛点；如果你直播的时间很充裕，就可以布局好讲痛点的时间。

痛点通常用一击致命的问题引出。例如，"别人写文案月入过万，你也每天写文案，变现为零""我有个私教学员很自律，每天4 点半就起来直播，坚持了 248 天，但是变现为 0。这就是所有学员的通病，那么你想解决这个问题吗？"由此我就可以引出下面的演讲内容。

（6）表明好处

表明好处是能够吸引观众最直接的方法。例如，在上面的案例中，我对那位连续直播 248 天的学员说："我有一个方法，你学会之后只要直播 30 天就能看到成效。"这就是最直观的好处，我将利益直接摆出来，能否获得这个好处全在对方自己。

（7）给方案

在表明方案的好处之后，我们就要把方案拿出来。针对一个问题可以有多套解决方案，我们不需要一股脑地全给出来。因为给得太多，对方反而无所适从，不知道该从哪学起。

（8）给梦想

直播演讲不仅是一份养家糊口的事业，它更多的是带我重新认识了这个世界。当我到一个城市，我看到很多伙伴不仅赚到了钱，他的人生也发生了巨大的改变，我就会觉得我的梦想是有意义的。而这份梦想和意义也是让我坚持下去的动力。如果在直播中可以将梦想传达给观众，那么主播的事业高度又会再上一层楼。

同样，产品也可以有梦想。例如，我们向观众推荐一款减肥产品，就要把使用产品后变瘦的场景讲到位，如身体更健康、穿衣更有气质等，让他对产品能产生美好的想象。有些人直播很难成交，就是因为他没有把梦想或使用后的好处讲到位。

13.5　主播魅力演讲的进阶之路

学习基本功和演讲技巧后，就到了主播魅力演讲的进阶之路。

（1）要讲知识

如果主播在一场直播演讲中输出的全是情绪，没有干货，那么主播和观众之间就很难建立实质性联系。对于知识付费主播来说，好的内容是一切东西的根源，无论是何种方法或发散思维，都需要从根源出发。

在这个过程中，我们要建立目标和结果思维，我们的知识内容是为目标和结果服务的。

（2）要讲技巧

我们要明确自己的听众是哪些人，给他们一个清晰的定位。我在前文讲过的"天龙八部法"就是魅力演讲的技巧。技巧的根本在于要有层次地推进我们的演讲，要在切入正题之前做好铺垫。无论是情绪上的还是内容上的，都要层层递进。

（3）要讲场次

主播做 1 场直播演讲和做 100 场直播演讲的效果是不同的。量变引发质变，直播中很多技巧是要靠主播自己身临其境去感悟的，经验是积累出来的。即使在我的课程中表现优异的学员，我也会让他们亲自做几场直播感受一下理论和实操的不同。

在一场场直播中，我们能够逐渐明确自己的个人风格，找到自己的直播定位。

（4）要讲感觉

感觉是一种不可言传的体会，只有积累了足够多的场次，感觉才会到位。在这一步中，利他思维很重要。利他不代表要无条件地讨好对方，而是要用自己的感觉、立场影响对方。

好的感觉不是在第一次直播时就能传递给别人的，也不是坐在别人面前就能传递的，而是通过日积月累形成的。例如，有些观众会对某主播产生天然的好感，觉得这个主播讲得太好了。这就证明主播已经给观众形成了好的感觉，这是一种较高的直播境界。所以，我们在日常直播时要注意在认知上吸引观众，在智慧上引领观众，以累积他的好感。

（5）要讲能量

能量越强的人，越容易与他人建立连接。而且，能量可以颠覆自己的演讲能力。

以我做过的色彩能量演讲为例。红色能量的人行动力强、敢打敢拼，但是容易3分钟热度，对于这种人就要和他谈梦想，让他为激情买单；橙色能量的人心思细腻，但遇事容易举棋不定，对于这种人要给他关注和赞赏；黄色能量的人目标感强、相信结果，但很容易骄傲，对于这种人要让他为提升自己埋单；绿色能量的人大多温柔和蔼，这种人乐于为情怀埋单；蓝色能量的人使命感强，这种人要靠价值观吸引；紫色能量的人自由自在，要先吸引他，再引领他。

总而言之，要想在魅力演讲的路上再上一层楼，你就要由内而外地全方位提升自己，只有这样才能够展现自己的魅力，吸引观众。

13.6 主播魅力蜕变之旅

要想成为魅力主播的人，都是热爱这个行业的人，期待在这个行业能够有所发展，有所成就。所以，我们要先为自己做好长期规划，即找到自己的使命愿景，重塑自己的价值观。

第一，确定使命愿景。无论对于知识付费主播还是带货主播来说，不管是做演讲传递知识还是销售产品，都需要有自己的立场和使命愿景，即我的使命是什么、我能帮助大家实现哪些心愿。有使命感的人，做起事情也格外有动力。

第二，打造爆品。爆品就像一个舞蹈团队中最显眼的人。爆品需要有特别突出的优势，如性价比足够高等。打造爆品可以通过问卷调查对某款产品进行前期测试，通过观众反馈进行优化，突出产品自身的差异性，拉开与其他竞品的距离。

第三，设计发布场景。发布场景可以从两方面来讲，一方面是直播间的发布场景，另一方面是发布的时间。

直播间的场景除了要呈现给观众看，还要呈现给主播自己和工作人员看。例如，我曾经做过色彩能量演讲，所以我很注重直播间的色彩设计。当我想讲一些轻松的话题时，我就会将场景的灯光、布景设计为明快的颜色，播放一些愉快的音乐。当我想让直播间呈现平和的场景时，我会选用绿色的布景，摆放一些绿色盆栽，灯光也不要过于明亮，音乐选择平静的钢琴曲，有时候我还会点一些香薰，或沏一壶香茶，这些都有助于直播间的场景呈现。

此外，我也会特别注意产品的发布节点。例如，在"三八"妇女节前后，我就可以讲女性魅力的课程；在父亲节、母亲节前后，我就可以做有关家庭幸福的直播演讲。

第四，开展交付，即售后服务。售后服务属于产品体验闭环中的关键一环。试想当观众收到的产品有瑕疵时，他一定很失望甚至生气。这时我们就要向观众赔礼道歉，并为其免费更换新产品。我曾经在课程中说过，如果观众对我的课程不满意，可以 7 天无理由退课退款，我还会免费为其赠送一门价值 268 元的试用课程。

第五，复盘循环。无论对于大主播还是小主播来说，每次直播结束后，整个团队进行复盘都是必要的环节。复盘的主要内容包括选品 / 选课、工作人员的互动、直播间的场景布置效果等。可以说，每一次复盘都是为了下一次更好的直播呈现。

复盘后就是重新确定新的使命愿景、价值观，再次推出爆品……如此进入新一轮的迭代循环。

以上五个环节就构成了完整的闭环。主播能够顺畅地走完这个闭环，也就意味着主播正在进行自我蜕变、自我提升，而主播的魅力也在这个过程中不断地得到提升和体现。